U0093636

新登場~
Hello World!

東京×廣島×瀨戶內海
都來一點點

點點陳——著

推薦序

有些人、有些事物，是在你第一眼遇見之後，就會打從心底發出「啊，能遇見你真是太好了呀！」的感嘆。點點陳的手繪，對我來說，就是這樣的存在。

平常在 IG、在 FB 看她畫的那些療癒人物、精美地讓人流連到忘卻時間的手帳，聽到她要出書的消息，原本以為會是一本集結她日常的手繪繪本，沒想到出來的是本旅遊書。一本收藏點點陳的精華手帳我興致高昂，得知是旅遊書後我興致大減；旅遊書這麼多，去日本的人這麼多，我對看別人的遊記沒有興趣啦（雖然自己也出過一本這樣的書，哈哈哈哈）。

但是翻開《海島一點點》之後，我才知道我錯了，我不該先入為主，我不該未審先判；是的，旅遊書很多，寫日本的遊記很多，但沒有一本能像《海島一點點》，在文、圖與照片間、在經驗與知識間、在遊記心得與旅行工具書間，取得完美的平衡。我也才發現，原來讓我們著迷的，有時不是故事的本身，而是說故事的人。

對於從沒去過日本，今年才要第一次去東京的我來說，在這個時間點遇見《海島一點點》，簡直像是上天的旨意，祂讓我可以帶著點點陳的心得與眼光，去體驗我的處女行。而對於日本通日本迷來說，透過專業結構技師柔軟的畫筆，一頁接著一頁的翻下去，定能勾起你體內日本的癮。

歐馬克

飛碟電台 DJ 青春點點點 (青點教) 教主

身為一個不喜歡帶手帳在身上的文具部落客，我一直很佩服會在旅途中用畫畫紀錄所見所聞的插畫家，點點陳的插畫風格有著清楚明朗的結構和溫暖親切的筆觸，透過她的畫筆看觀光景點，再怎麼無聊的人事物也多了幾分柔軟愜意，看著看著，急躁的心跳也會慢慢靜下來。

茄子先生

文具部落客

前 言

離職前兩個月，
我在某次和國中朋友的飯局裡，
藉著酒意隨口約定好要一起到沖繩過生日，
從哪裡也去不了的小時候到能夠談論出國旅行的現在，
我們都被行前氣氛渲染得情緒高張，
不時聚會興沖沖地討論沖繩的住宿與行程。

然後一天早晨 Facebook 跳出了一張動態回顧照片，
滾滾黃砂和蔚藍青天俐落地將畫面一分為二，
大片令人禁不住感嘆天地悠悠的蒼茫下，
是我走進沙漠的背影。

那是我七年前隻身到新疆自助旅行的照片，
我突然想念起獨自旅行的自在，
與長時間旅行到最後那種「旅行變成日常」的狀態。
於是出發前一個月，
我臨時起意一個人先走，
並遊說男友加入中途的瀨戶內海之旅，
將這原先為期一週的沖繩行超展開成了一個月的長途旅程。

從東京、廣島、倉敷到瀨戶內海，
這個月來的大小事都被我用文字和插畫記錄下來，
希望沒去過的人，能被我撩起啟程的興趣；
已造訪過的人，也能藉此勾起美好的回憶。：）

關於一個人旅行

我的初次一個人旅行，是於上海當交換學生時在南京的小旅行。

當年的我被西藏壯遊凱旋歸來的社團學長洗腦得一愣一愣的，邊疆異境的風景和路途上的際遇說得我又羨慕又嫉妒，一心打定主意等我到了中國也要遠離都市獨自踏上旅途，心心念念倒數出發時間時才驚覺「我從來沒有一個人旅行過啊⋯⋯」。

於是選擇南京作為我的「絲路行前練習」。

然而出發前夕，不知道發了什麼神經，我把所有跟南京大屠殺有關的紀錄片、電影都看過一輪，屍橫遍野血流成河的畫面怵目驚心，嚇得我啟程前一晚徹夜不敢闔眼，輾轉難眠掙扎著是否該取消行程，隔天還是硬著頭皮睡眼惺忪地揣著「南京就是陰森森」的灰暗印象踏上旅途。

二十個小時後，我和一群在青年旅館認識的女孩們一起夜遊南京城，夜晚的古城被燈光渲染得瑰麗奇異，一切都是新奇的體驗，什麼南京陰冷的詭異印象早就被我拋諸腦後，取而代之的，是一個人出來玩還真是輕盈又自在的感想。

「很多事，都是自己嚇自己的。」

這是初次獨自旅行的我下的結論。

一個人旅行，最重要的，是了解自己。

獨自旅行不需要勉為其難配合他人，也不必執著在網路上寫著「不去會後悔！」的景點，誠實面對自己的喜好，並在每一趟旅程中摸索、試誤、修正，找到最適合自己的步調。

每個人都有自己旅行的步調，出發前不妨先花點時間想想，旅行的自己在光譜上的哪邊呢？（在此以丸尾和山田作為極端值）

行前規劃

我是旅途中很看心情行動的隨性型旅人，除了不想露宿街頭住宿必須事前確定外，只會將有興趣的點約略記錄下來，前幾天再規劃，其他的就一切隨緣囉～

住宿

我通常會先和身邊去過的朋友打聽資訊，再怎麼說親友團的意見絕對是最誠實沒潤飾過的，若沒有特別推薦的住宿點，也會使用 Booking.com 或 Agoda 之類的網頁比價尋找，或是換換口味選擇 Airbnb 入住民居，就看那趟旅程定調為什麼風格。

交通

日本的交通方式五花八門，而身為外國人的我們最好的選擇就是通票了！和原價相比十分優惠，如果想有截然不同的體驗，也可以考慮夜行巴士、臥鋪夜車或是搭船的方式唷！

網路

若是獨自旅行使用網卡是最便利的，但我上網閱讀大家使用心得後發現有時會有抽到雷卡的麻煩，於是我選擇幾張不同公司的七日份網卡分散風險，時間到了替換掉就好，幸運地，到回台前網路都十分順暢。

保險

誰不希望開開心心出門，平平安安回家？但出門在外就是怕有個後悔終身的萬一，保險的錢是最不能省的，千萬不要抱持著「這種事不會發生在我身上」的心態，建議買個旅平險和不便險，尤其是搭乘廉價航空更應該注意。

其他注意事項

基本原則就是「不要把所有雞蛋放在同一個籃子裡」，尤其獨自旅行時更該時時保有警覺心。

不過日本治安太好，
我也常常太放心
而鬆懈了～ XD

現金：錢包只放當天大概需要的金額，其他現金收入防盜腰包內。

證件：複印護照、身分證、駕照大頭照等資料，收在背包和行李箱，並將檔案備份在雲端硬碟。

行程規劃表

這份行程規劃表是根據我隨意又不想太漫無目的的旅行風格設計的，我常依照當日心情、天氣隨意更改路線，所以旅程規劃追求的是一個「有概念這些點在哪區就好」的目標。

如此高彈性沒壓力的規劃方式很適合我的節奏，簡單的版面自己閱讀一目瞭然外，和旅伴討論時，看著都整理好的資訊，備案源源不絕，也不會手忙腳亂的，非常有效率～

製作方法：

step ❶ 將有興趣的景點標記在 google map 上並於便利貼寫下營業時間、票價、地區等簡單資訊。（可分類成餐廳、商店、景點，更好安排唷！）

step ❷ 製作一張含有時間軸與日期的行程表。

step ❸ 將便利貼貼入行程表中就完成囉！

未排入的便利貼可貼在後面（或另一張紙上）隨身帶著，之後想臨時更改行程也能馬上找到替代方案！

餐廳	商店	景點
池袋／椿屋珈琲店 09:00－23:45	銀座／月光莊 11:00－19:00（三休）	兩國站／北齋美術館 09:30－17:30 ¥400
新宿／Harbs（Lumine） 11:00－21:30	新宿／世界堂 09:30－21:00	台場／大江戶溫泉物語 ¥2180（18:00後）
	中目黑／Traveler's Factory 12:00－20:00（二休）	乃木坂站／國立新美術館 10:00－18:00

可以用不同的顏色便條紙分類，我是分成景點、商店、餐廳三類，並寫上最近車站、營業時間、門票金額和其他需要注意的基本資料。

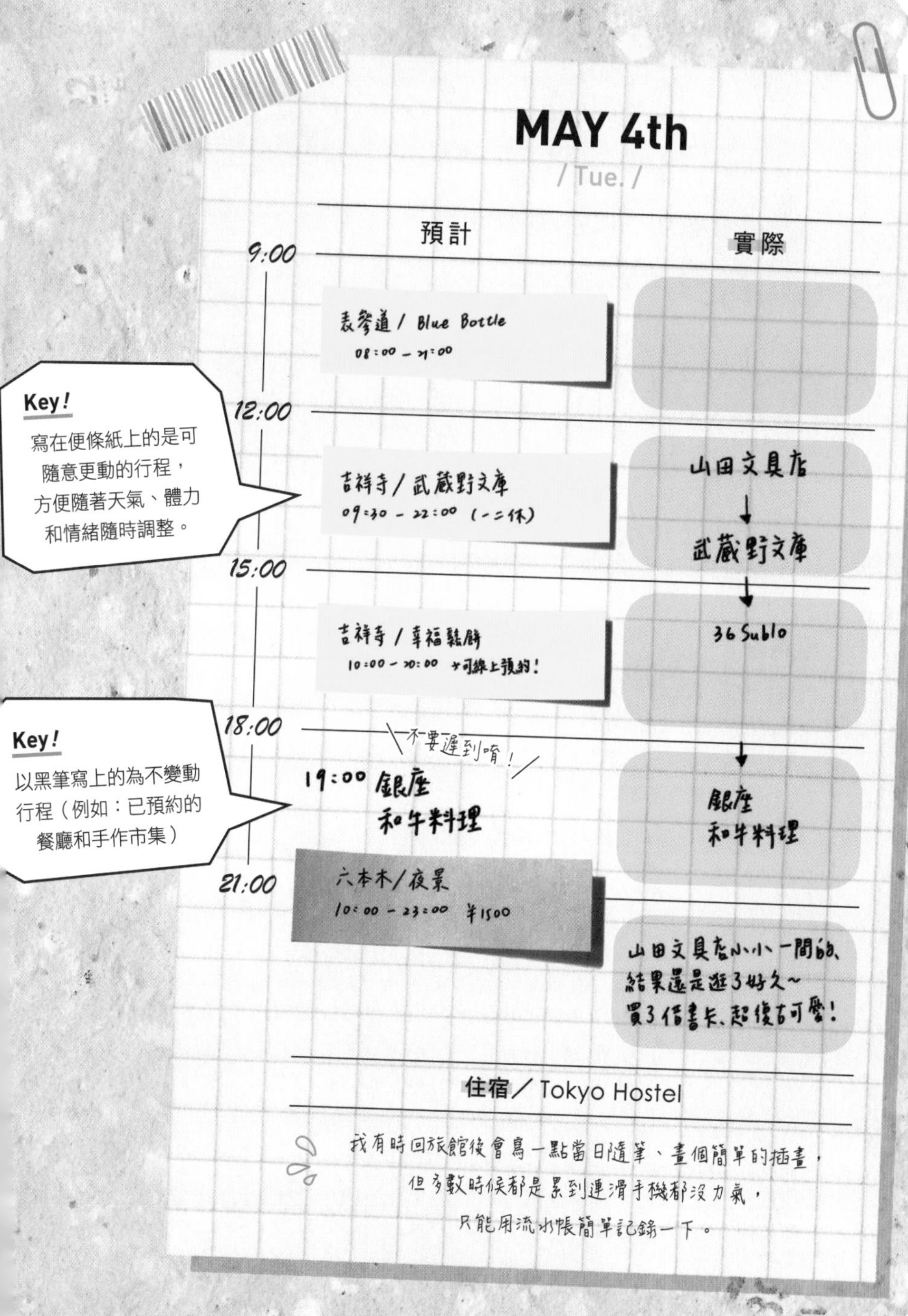
MAY 4th
/ Tue. /
預計
實際
9:00
表參道 / Blue Bottle
08:00 – 21:00
12:00
吉祥寺 / 武蔵野文庫
09:30 – 22:00 (一二休)
15:00
吉祥寺 / 幸福鬆餅
10:00 – 20:00 ＊可線上預約！
18:00
不要遲到唷！
19:00 銀座
和牛料理
21:00
六本木 / 夜景
10:00 – 23:00 ￥1500
山田文具店
武蔵野文庫
36 Sublo
銀座
和牛料理
山田文具店小小一間的，
結果還是逛了好久～
買了信書卡、超復古可愛！
住宿／Tokyo Hostel
我有時回旅館後會寫一點當日隨筆、畫個簡單的插畫，
但多數時候都是累到連滑手機都沒力氣，
只能用流水帳簡單記錄一下。
Key！
寫在便條紙上的是可
隨意更動的行程，
方便隨著天氣、體力
和情緒隨時調整。
Key！
以黑筆寫上的為不變動
行程（例如：已預約的
餐廳和手作市集）

手帳行李

基本用具

資料袋

每次旅行我都會準備一個新的夾鏈袋，可放門票、車票、文宣品和一些包裝紙，這些小東西都是製作旅行手帳最棒的調味，也是日後畫畫的最佳參考。

手帳本

輕薄小尺寸的手帳本，簡單好攜帶，可寫下旅行規劃和紀錄。

筆＋橡皮擦

旅行時我通常只帶鉛筆、油性筆和橡皮擦，盡可能輕裝出門～

進階用具

相機

其實一般都可以用手機取代了，就看個人要求的專業度到哪囉～

筆形剪刀

節省空間的筆型剪刀絕對是旅途最佳夥伴，但是記得上飛機前要放入行李箱唷！

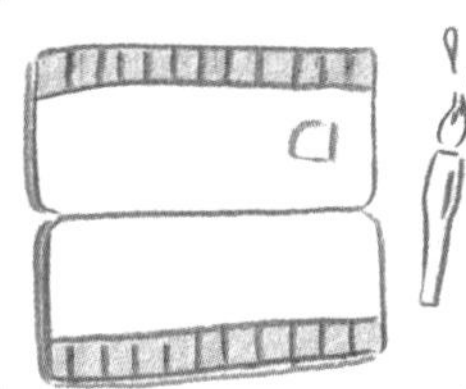

水彩＋水筆

小盒水彩搭配水筆，裝滿水擠一下就能用，在外寫生也方便。

拍立得相印機

採用手機藍芽連接列印，堪稱零失誤拍立得！隨印隨貼，手帳瞬間文青感倍增外，還可以在旅途上合照送人做做國民外交唷！

空白貼紙

日本景點常有設計可愛的印章，這時只要使用素面的空白貼紙來蓋章，撕掉離型紙就能直接貼在手帳上了，相當便利！

紙膠帶分裝

一捲捲紙膠帶太佔空間又怕被壓壞，旅行前可選擇幾款符合當地氣氛的紙膠帶，纏在塑膠板隨身攜帶就好囉～

目錄

岡山

廣島

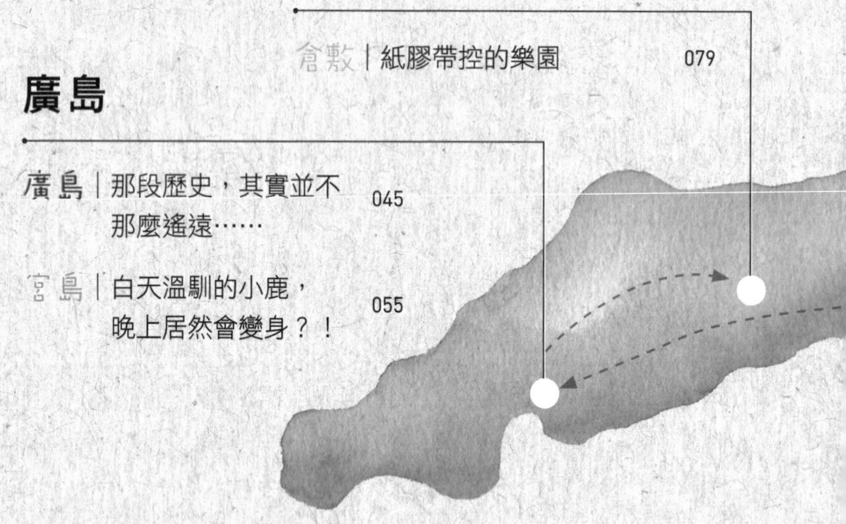

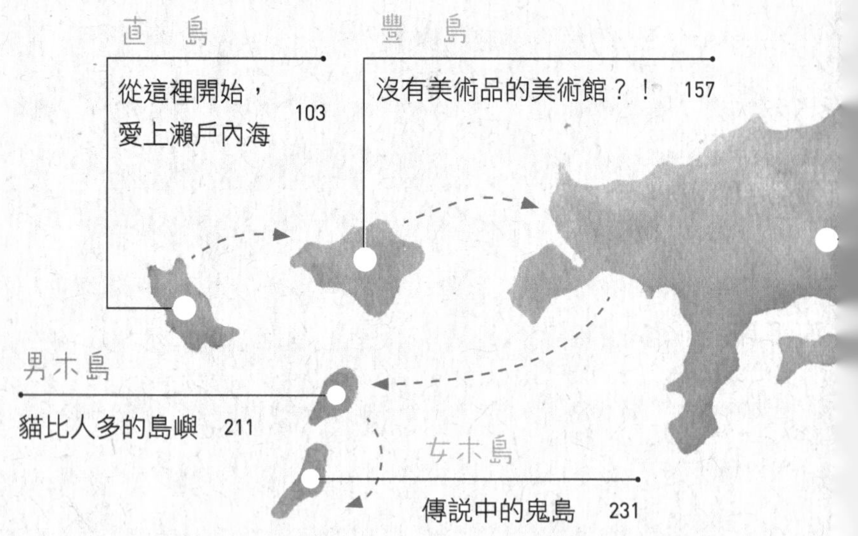

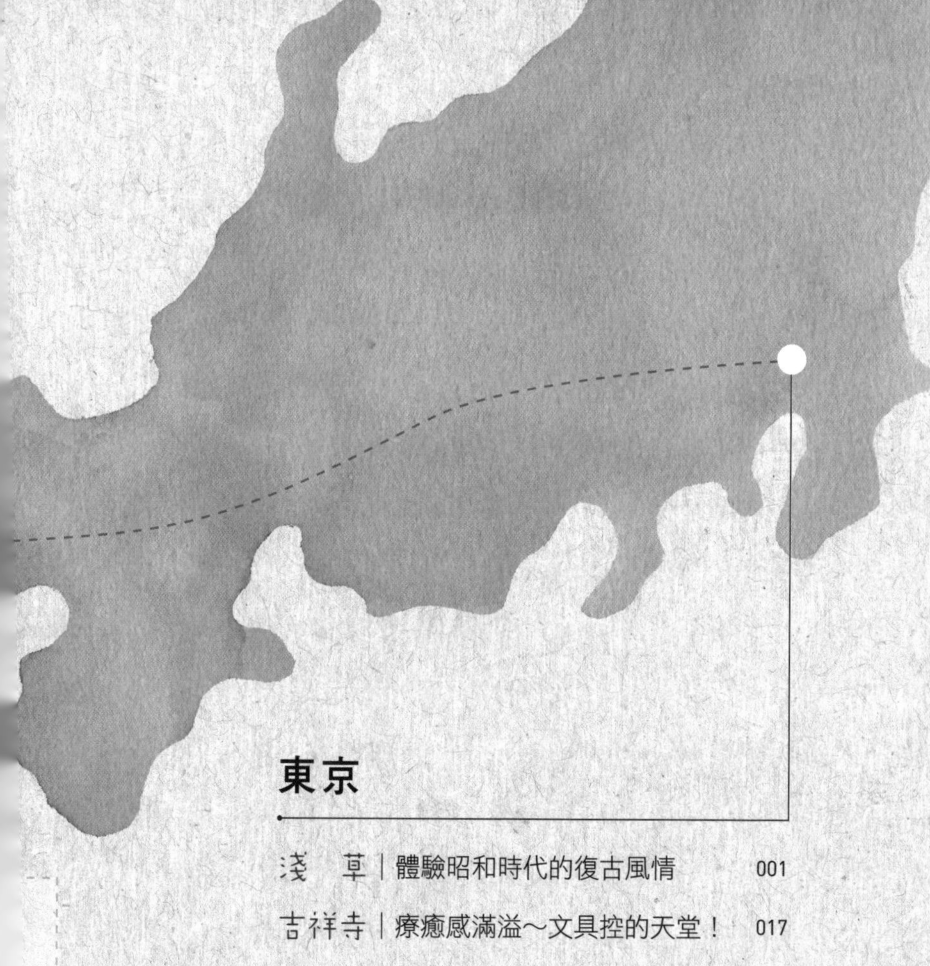

東京

小豆島

TOKYO Met. —— TAITO City

浅草

あさくさ

— ASAKUSA Dist. —

金龍山
雷門

回想四年前第一次來日本旅行時，最期待的莫過於到淺草朝聖那印象中十足日本風味的景色。而這次我一個人來東京，選擇的青旅就位在淺草雷門旁，這個我對日本最初印象的地方。

然而抵達那天，和我清朗出遊的心情大不相同的是，這天的東京下了場大雷雨，灰茫色天空盡是被雨敲擊浸濕的沈重。昨日經歷工作最後交接、離職手續、鬧轟轟的餐敘以及收拾行李整裝前往機場的匆忙，突然在清晨的成田機場安靜下來的這一刻，所有一個人旅行的不安與忐忑伴隨窗外的大雨湧上心頭。

日文程度不過五年前修過兩學期程度的我，

真的沒問題嗎？

在淺草站路邊吃了很難吃的迴轉壽司後到青旅登記入住，搭乘紅眼班機的疲累瞬間襲來，一不小心就昏昏沈沈地睡到傍晚，醒來時天空仍是毫無放晴懸念的蒼茫，正當我坐在大廳感嘆「來日本第一天都在睡也太慘了吧」時，巧遇兩位在神戶交換的台灣學生 L 和 E。

很有氣質、
說話輕²柔²的、
才19歲而已、
連喝酒都不合
法XD
有一個在東京
工作的日本男
友，是個超精
緻五官的美女！
L
E

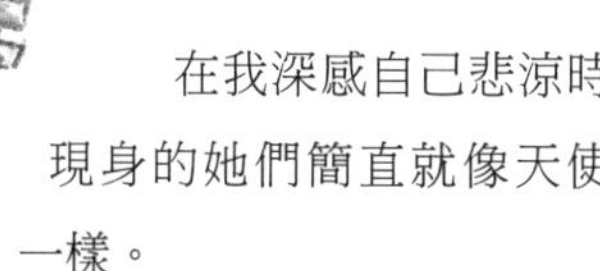

在我深感自己悲涼時現身的她們簡直就像天使一樣。

兩人的日文都很好，長相穿著如同日本雜誌中的模特兒般無懈可擊的精緻，甚至連青旅櫃檯都以為她們是日本人，要不是偷聽她們以台灣腔中文討論著置物櫃，進而鼓起勇氣搭訕她們的話，可能就會擦肩而過了吧。

她們從神戶搭乘夜間巴士來東京玩，為了省錢在 Airbnb 上訂了間雅房，一見面就覺得房東有點可怕，鼓起勇氣走進房間簡單檢查四周後拉開棉被，看見被褥上的污漬和沒被清理乾淨的毛髮，兩人二話不說連錢都不退果斷決定尋找其他旅館下榻，好不容易才找到這間當日還有空房的青旅。

看著她們說起剛剛發生的事餘悸猶存的驚恐模樣，看來今天的我，也不算是最慘的嘛。（其實遇到的挫折也就只是下雨和吃到很難吃的壽司而已）

晚上雨停了，我和她們一起到阿美橫町和 E 的男友碰面，走出上野站印入眼簾的就是日劇《小海女》中再三入鏡的阿美橫町，夜幕低垂，空氣中有股大雨洗滌後的沁涼，混雜著居酒屋傳來的陣陣烤肉香，兩排商家霓虹燈閃閃爍爍打在下班人潮塞滿的熱鬧街道上，紅的、綠的各種螢光色在人們臉上跳躍顫動，還真有幾分日劇中奇幻的魔力活力與生命力，東京的夜晚永遠年輕。

隨意走進一間居酒屋，享受日本人烤了還是很生的肉（？），比手畫腳中日文夾雜著聊天，體貼唯一不會日文的我，大家都會停下來解釋給我聽，唉唉我真是個拖油瓶，真後悔出發前沒好好複習日文，還好彼此世代差異不大，還能談談漫畫電影旅行之類的話題。

E的東京男友、走的是長髮頹廢風、是台灣少見的類型、職業是旅遊網頁設計師、因此很好奇我對日本的想法、還說了很多京都人的壞話（地圖炮XD）

譯：吃飯了嗎？

阿美橫町街上超多居酒屋、燒烤店、到處都是大聲攬客的店員、但他們似乎都是針對日本人而已、發現對方不懂日文就會退後好幾步、再尋找下一個目標。

\かんぱい!

乾杯!/

乾杯學問大

在日本必須大家一起舉杯喊過「乾杯～」後才能夠動口唷！也不用真的乾杯飲盡，隨意即可～

?
↑啤酒一上來
習慣小喝一
口的我，拿到
嘴邊便發現
眾人投射的眼
光。

神谷吧

日本第一間西洋酒吧

INFO

- 東京都台東区浅草 1-1-1
- +81 3-3841-5400
- 11:30—22:00（無休）
- http://www.kamiya-bar.com/

在居酒屋喝得微醺的我們回到淺草，在 E 男友帶領下來到位在十字路口的神谷吧，白天來回路過那麼多次都沒注意到這裡，沒想到在夜深時刻竟顯得如此光彩奪目。

華麗古典的室內裝潢喧鬧著曾經的榮景，也不難看出除了像我們這樣來嚐鮮的遊客外，主客群年齡稍長，酒酣耳熱之際看著一位位穿著打扮講究的老爺爺老奶奶，總感覺彷彿走進時光隧道回到舊日本的美好時代。

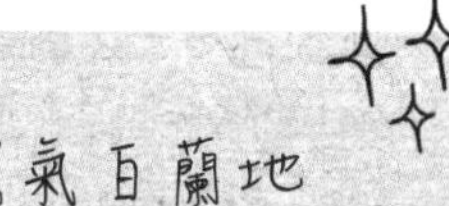

點完餐後就會得到像是車票的
可愛小票卷、寫著品項和價錢。

電氣白蘭地

19 世紀時黑船入侵，大量西方文化衝擊著日本，洋酒當然也是其中之一，在當時，洋酒算是極高消費的品項，於是腦筋動得很快的日本商人便自己以白蘭地、琴酒、苦艾酒、葡萄酒調和發明出了「電氣白蘭地」，因為價錢低廉加上流傳可以預防霍亂而大受歡迎。

隨著時代變遷，洋酒已不再是人人消費不起的高級品，電氣白蘭地也從原先家家都有販售到現在幾乎只剩下神谷吧還有販售，所以想要品嚐復古的電氣白蘭地，就勢必要來淺草的神谷吧囉！

ASAKUSA NIGHT

入夜了，隨著人聲逐漸散去，仲間世通的商家們紛紛拉下捲門，一幅幅門上畫作便成為淺草夜裡最精彩的妝點。

和白天人聲鼎沸絡繹不絕的熱鬧相比，我更喜歡這時的淺草，尤其在這樣大雨肆虐後放晴的夏日夜晚，寥寥幾人輕聲踩水窪上觀賞「藝術品」，簡直如同戶外美術館般有著令人眷戀難忘的魅力。

Royal 咖啡店

爺爺奶奶的昭和 brunch

INFO
- 東京都台東区浅草 1-39-7
- +81 3-3844-3012
- 08:00—20:00

在早午餐店不太流行的日本，喫茶店成為我吃早餐的好去處，這間皇家咖啡店不只店外相當古典，內部裝潢更是華麗復古，除了我之外，都是住附近的爺爺奶奶們來享受一個人悠哉的時光。

友路有喫茶店

來古早味漫畫店吃早餐吧！

友路有喫茶店位在二樓，店內復古的窗花和沿著用餐區懸臂式的綠色書櫃都超有特色，有股老式漫畫吧的輕鬆感，老先生看報紙、年輕人翻漫畫，任一年齡層都能在此享受最自在的獨處時光。

又是一間能把吐司烤得金黃鬆脆的店、還是說日本厲害的是烤箱呢?! XDDD

INFO

東京都台東区浅草 1 丁目 29-3 2F　+81 3-5828-5577　06:30—20:00

淺草文化觀光中心

江戶風味的現代建築

來到淺草勢必會注意到這棟位於雷門對面的淺草文化觀光中心，古舊木質與現代鋼構交織出的建築立面使得它就算高大也不顯突兀，在這舊街區不張揚不喧嘩，忠實地扮演觀光中心的角色。

展場裝點得小巧別緻，靠近展板時還響起該區城市音景，清脆敲鐘聲、樹影沙唰聲、小販叫賣吆喝聲、人潮在柏油路上步步踢踏聲……，每個地方都有屬於自身獨特的聲樂，視覺聽覺雙重包夾下還真有親臨當地的錯覺

但我在配樂初次迸出時嚇了一大跳，甚至不自覺地往後退了幾步，以為誤觸了什麼忍者機關。

INFO

- 東京都台東区雷門 2 丁目 18-9
- +81 3-3842-5566
- 09:00—20:00
- 建築師：隈研吾

▲ 室內設計沿用帷幕木板的概念，內外一致不顯突兀，重疊錯置的天花讓室內不令人感到壓迫外，也多了幾分古舊的日式風情。

◀從頂樓沿著樓梯走下來意外撞見學生的成果發表會，能在國際建築師的作品內表演真令人羨慕。

\\ 屋頂 //

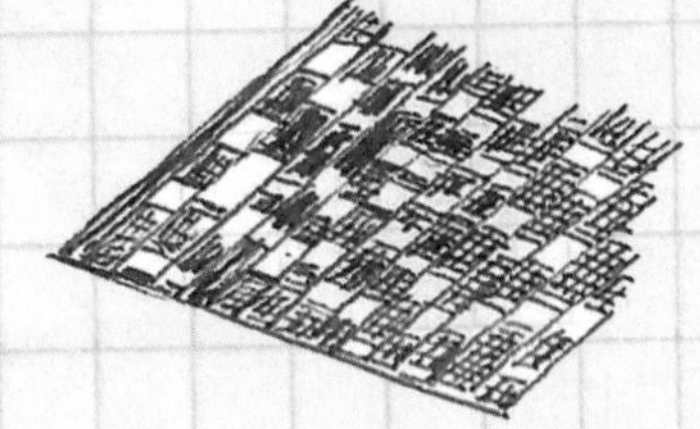

錯落配置的黑色屋頂，以現代化的方式呈現江戶時代獨特的風味。（鋼材 mix 玻璃）

\\ 牆面 //

二樓室內的牆面雖是同一種材質，但以凹凸深度不同堆疊出錯綜的造型，樸實又時尚。

\\ 樓層標示 //

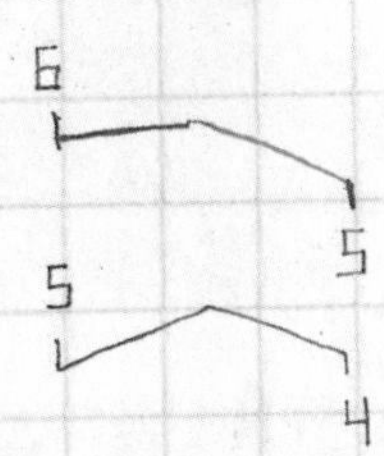

配合建築各層屋頂造型設計的標示，獨特簡潔又有設計感。

\\ Connection Detail //

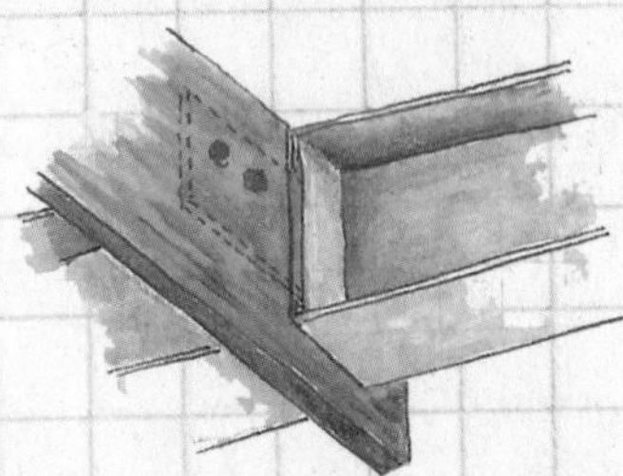

相對全木構的建築，觀光中心搭配鋼材，裸露部分鋼骨帶來的工業粗獷感，使室內整體呈現得更為現代簡約。

HOTEL・Ryokan
ホテル雷門
ホテル雷門

雷門
三定
"KARAKUCHI"
ASAHI BREWERIES LIMITED
SUPER
"DRY"
Asahi
洗練されたクリアな味、辛口
生
スーパードライ
生ビール
350ml
Asahi
SUPER
"DRY"
天ぷら
かぜに
改源
カイゲン
アオノヤ

TOKYO Met. —— MUSASHINO City
きちじょうじ
吉祥寺
— KICHIJOJI Dist. —

這天和當完兵就在東京打拼的大學同學 K 有約，畢業後至少三年多沒見面，可惡，經過日本近一年的時尚洗禮，他看起來比在校時期更帥氣體面了。

我們被週末人潮推擠出吉祥寺站，人群中最大比例的是有小孩的年輕家庭和來約會的情侶們，週間上班上學的緊繃似乎都能在這片綠意盎然的地方得到紓解療癒，和煦的陽光下有樹林和可愛的小動物相佐，難怪最讓人想居住的地方票選中吉祥寺總是榜上有名啊。

又吉直樹／火花

2016 年搞笑藝人又吉直樹的小說，主人翁與前輩在立志成為搞笑藝人的夢想中追逐拉扯，過程中兩人總會在井之頭公園打屁搞笑消磨時光，書中對吉祥寺站周邊地景的描述成為我對吉祥寺諸多浪漫療癒印象的根源。

你只想住在吉祥寺嗎？

2016 年改編自マキヒロチ的日劇作品，兩位房仲勸退想要住在吉祥寺的人們，尋找更適合自己的居所。即便大家選擇了其他更適合的居住環境，但劇中的人們對吉祥寺有的願景與幻想深深烙印在我腦海中，來東京當然不能錯過！

井之頭自然文化園

遛小孩剛剛好的動物園

井之頭自然文化園面積不大，是座散步很剛好的小巧動物園，我在這裡第一次見到水豚君，原本預期是可愛動物的尺寸，沒想到本尊這麼大一隻（也還是很可愛啦～）水豚君在日本果真是高人氣，外頭圍了好幾個小孩在寫生，牠們也真就一動不動稱職地擔任模特兒的角色，超級專業！

▼門票也是設計得很欠收藏的樣子。

INFO

- 東京武藏野市御殿山 1-17-6
- 09:30—17:00（週一休）
- 成人 ¥400｜兒童 ¥150

天竺鼠偶像見面會

排隊時還鬧轟轟的小朋友們、一摸到天竺鼠就全部安靜下來了、各個都進入自己的世界、和天竺鼠專心培養感情。

呆萌呆萌超療癒！

曾在研究室飼養天竺鼠的K理所當然抱起來駕輕就熟、天竺鼠也是一臉陶醉深情回望（子非鼠焉知鼠之醉XD）

INFO

10:00—11:30
13:30—15:00

出發前要記得確認時段，才不會撲空唷！

茶房武藏野文庫

大人氣的古典咖啡廳！

INFO
- 武蔵野市吉祥寺本町 2-13-4
- +81 422-22-9107
- 09:30—22:00（週一休）

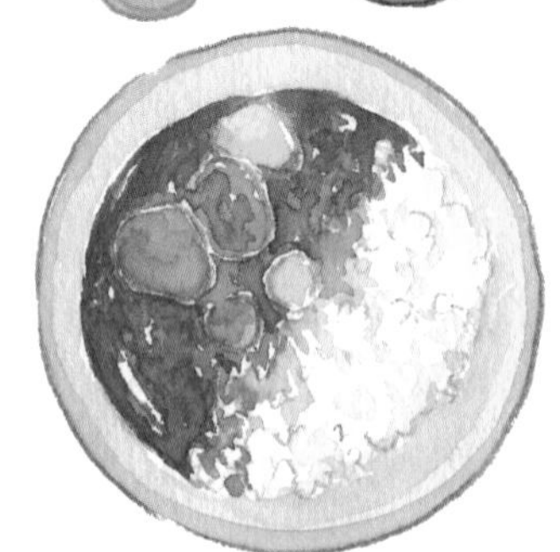

吉祥寺有不少新穎的店面，但這間復古喫茶店卻更吸引我的目光，搜尋才發現它不只是頗富盛名的老店外，更是咖啡雜誌上榜常客唷！

深褐調古色木櫃和略帶苦味的咖哩，裝潢和餐點都有同樣的大人口味啊～超適合來這悠哉看一下午的書！

幸福鬆餅

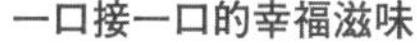

一口接一口的幸福滋味

登記後排了整整兩個小時的幸福鬆餅、入口即化的口感就是幸福的滋味啊！

之前在台灣雜誌上認識幸福鬆餅，照片中那鬆軟的模樣實在念念不忘，這次來日本當然不能錯過啦！和東京市區的幸福鬆餅相比，吉祥寺店的等待時間已經算較人性的了，雖然如此還是等了兩個小時……

但入口後那不可思議的 Q 鬆口感搭上當季新鮮水果的酸甜滋味還是令我覺得很值得啦！反正登記了也可以到處亂逛，不浪費旅途中寶貴的時間，但建議要去的話還是先預約哦～

INFO

- 東京都武蔵野市吉祥寺本町 1-8-5 レンガ購物中心 301 室
- +81 422-21-2222
- 週一～週五 10:00—20:00
  週六、日 10:00—20:30
- https :// magia.tokyo/reserve/
- 建議先預約唷～

Giovanni

義大利來的文具店，超級古典華麗，雖然是我不太會運用的風格，但還是很值得一逛～尤其封蠟控絕對不能錯過！

Paper Message

插畫風格如同繪本般溫暖又獨特，賣很多自家設計的包裝紙和貼紙，看著那一隻隻慵懶的貓作品很容易讓人買到剁手指。

AVRIL

超可愛的手工材料行，賣很多特別的紗線，女子力 100 分！

MAP

連人孔蓋都超療癒！
武藏野市
消火栓
幸福鬆餅！
肉餅！
吉祥寺站

雜·貨·一·條·街

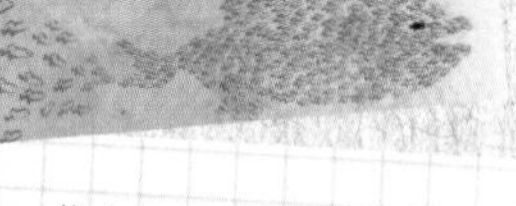

位在二樓的 36 Sublo 很容易被忽略，要用心一點才找得到，店內販售很多迷你橡皮擦和可愛文具商品，小小一間店卻處處是驚喜！

36

Sublo

2F HARA BUILDING 2-4-16 honcho kichijoji
musashinoshi tokyo 180-0004 japan
tel&fax 0422-21-8118
www.Sublo.net info@sublo.net
Open 12:00-20:00 (Closed On Tuesday)

在 36 sublo 買了相撲人的紙膠帶，簡單的黑白線條勾勒出相撲各個招式，其中一個還是外國人的模樣 XD 超級可愛！

在 36 Sublo 的樓梯間拿到 makomo 的展覽文宣，拿來貼手帳畫面一秒變可愛。

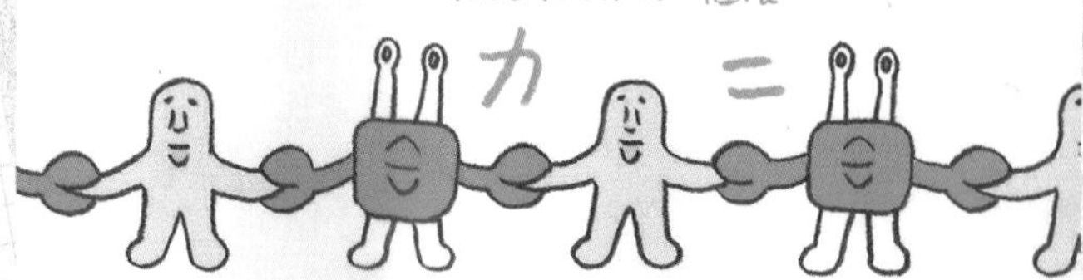

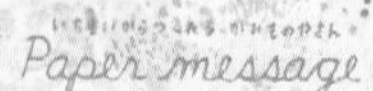

paper message 賣了超多自家設計的包裝紙和貼紙，奇幻的畫風超獨特！絕對是來吉祥寺不能錯過的小店～

山田文具店

宛如時空黑洞般的小小文具店

INFO

- 東京都三鷹市下連雀 3-38-4 三鷹産業廣場 1 樓
- +81 422-38-8689
- 週一～週五 11:00—19:00
  週六、日 11:00—20:00
- https://yamadastationery.jp/

位在三鷹站的山田文具店也很值得特地去看看！雖然看似小小一間，但走進去就像落入時空黑洞般，不小心就會待上好幾個小時，因為裡面販售太多山田文具店限定的有趣商品了！像是借書卡、木芥子周邊商品和特別的迴紋針都讓人愛不釋手，來吉祥寺逛逛時不妨先來到三鷹站的山田文具店走走唷～

傳統眼睛小小的木芥子、在山田文具店搖身一變成了大眼娃娃♥

3 mins

吉祥寺

在東京生活

離開吉祥寺後我們回到 K 的住處，今天雖聽他說起不少在東京討生活的點滴，但始終隔著一層厚牆的距離難以想像，然而像現在這樣跟著他一同搭車、一同踏上長長的坡道走進觀光時不會彎入的住宅區，不知不覺間，他在東京的各式日常似乎也隨著腳下步伐一階階越漸鮮明具體起來，也好像更能同感種種離鄉背井的辛苦了。

在東京工作能領相對台灣較優渥的薪資，但是日本的租金、稅金與生活開銷都更大，不太合理的加班制度、初入社會的不適應和世界聞名的日本緊繃職場生態、人跟人之間的互動都是需要重新學習調適的，除了這些迫在眉睫的職場瑣事外，也會煩惱「回國後是否有辦法和台灣企業接軌？」、「究竟該不該一直留在日本工作？」。

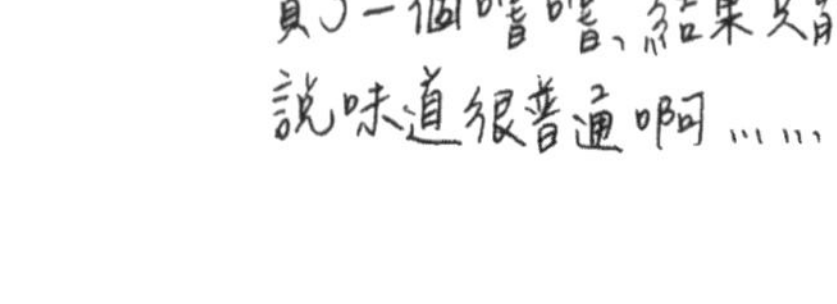
回青旅前路過白天總是
大排長龍的鯛魚燒舖、
買了一個嚐嚐、結果只能
說味道很普通啊……

表面光鮮亮麗的旅外生活也有著說不清的苦楚，看來在面對未來各種選項時的不安，是我們這個歲代的年輕人跨越國家共有的迷惘吧。

K 和另外兩名台灣人一起租屋，位在大田區的住宅房間寬敞、內裝完整乾淨（甚至還是夢幻的木地板），三人住起來綽綽有餘，偶爾不需加班的日子大家便會在家開伙做晚餐、包明日的便當。

NAKAM

TRAVELER's FACTORY
TRAVELER's NOTEBOOK
EGURO

TRAVELER'S FACTORY

讓旅人魂牽夢縈的文具店！

位在中目黑的 Traveler's Factory 是一棟隱身巷弄間的小店，天氣清朗，沒有多加修飾的簡單建築在陽光下有種清澈明亮南法風情的。室內也是濃濃的古典旅行味，每個角落都精緻講究，文具控絕對不能錯過！

INFO

- 東京都目黑区上目黒 3-13-10
- +81 3-6412-7830
- 12:00—20:00（週二休）
- https://www.travelers-factory.com/

最高的離婚

2013 年日劇《最高的離婚》，描述四名住在中目黑的都會男女的愛情故事，劇裡背景中目黑隨著季節輪替染上不同的面貌，每個時節都有自己獨特的美感外，主角家樓下的這間洗衣店更是日劇迷最愛的拍照場景喔！

三ッ矢堂製麵

清爽的夏日口味～柚子沾麵！

傍晚時分客人看來都是上班族，每個人進到店裡都熟門熟路地不看菜單點單，然後迅速幾口刷刷神速吃完，我研究一陣子點了跟隔壁上班族男子一樣的柚子風味拉麵。麵條超有彈性、柚子味道完美融入，口味清爽超好吃！順帶一提，他們的起司沾麵也是很多人推薦的唷～

INFO

- 東京都目黑区上目黒 3-3-9 第 2 牡丹大樓 1F
- +81 3-3715-79
- 11:00—02:00
- http://idc-inc.jp/

蔦屋書店

時髦的都會書店

書店依使用方式劃分成了好幾個小空間，和一整體的書店空間相比，找書時必須走到其他小空間，途間勢必會路過餐廳咖啡廳等商店，且自街道經過時，因為開放性的空間沒有明確的分界，使人能自然地走入沒有壓力，整體更活潑有彈性。

甜點、咖啡廳等各式小店進駐高架下，使原本的空地有了嶄新的生命。

中目黑高架下
NAKAMEGURO KOUKASHITA

一出中目黑站就能看到在高架橋下的蔦屋書店，帷幕上整齊地打著 T 字形開孔，一個個井然有序地透著溫暖黃燈，高架下的空間不再給人陰暗的印象，藉著書店活絡起來成為最時尚文藝的場所。

INFO

- 東京都目黑區上目黑 1-22-10
- +81 3-6303-0940
- 07:00—24:00

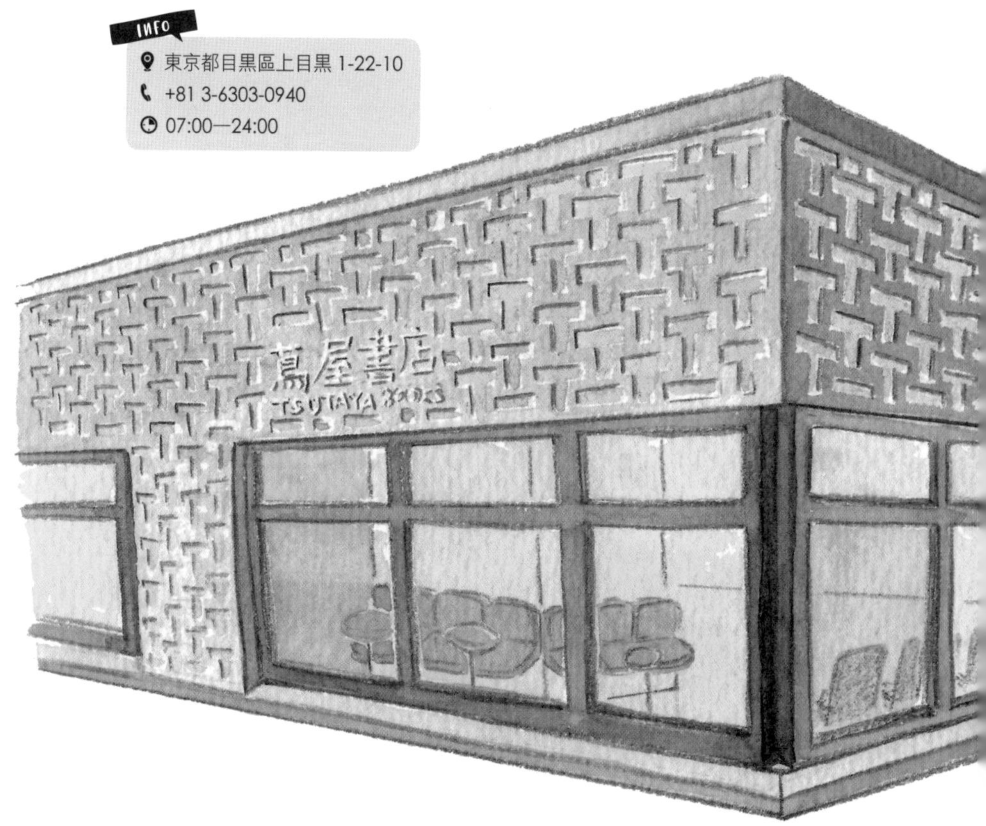

東京聖瑪利亞大教堂

近郊推薦景點－粗獷感十足的工業風教堂

當初在網路上看到照片，我擅自猜想大概是和東海大學路思義教堂差不多的尺度吧，沒想到本尊這麼巨大。

INFO

- 東京都文京區關口三丁目 16 番 15 號
- +81 3-3941-3029
- 09:00—12:00、13:00—17:00
- http://cathedral-sekiguchi.jp/
- 建築師：丹下健三

正面由雙曲拋物線構成的形狀宛若一隻預備展翅翱翔的老鷹，在陽光下表面閃爍著摻有顆粒的特殊光澤，走進室內一如宗教建築挑高配置總賦予人們的直覺，我自然地抬頭看向天，一座由八塊雙曲拋物線交匯聚的十字架窗透著光芒，室內牆面粗獷不經修飾的質地使我感覺猶如進到地底洞穴中仰望天際，突如其來地感到自身渺小的原始直覺令人十分難忘。

▼ 建築表面是有點類似金屬的材質，和室內牆體質感超反差。

帶有弧度的牆面結構給人很不一樣的感覺、很值得來走一遭唷！

結束一天行程，我伴隨著下班人潮走去新宿巴士站，第一次獨自來東京的日子轉眼就過去了，和朋友一起來玩時看到的風景很不一樣，在東京這座不論拜訪幾次都不會厭膩的城市裡，輕易重新找回一個人旅行的樂趣。

上車前想去新宿站附近的膠囊旅舍洗個澡、還沒踏入就看到工作人員匆忙跑出來制止我 最後只能在車站洗手間刷刷牙了事、我難過～

東京／広島
from TOKYO
to HIROSHIMA

結束短短的東京之旅，搭乘夜鋪巴士前進廣島！我事先在網頁上訂購了車票，跟著車站標示很容易就可以找到乘車處了，或是詢問櫃台也有會說中文的服務人員唷！

我滿心期待可以在沿途夜景相伴下沉入夢鄉，殊不知車內窗簾封得超扎實嚴密，不透一點光，偷偷撥開一個小孔往外看，居然幾乎整路都有隔音牆，什麼都看不到，只好打消念頭專心睡覺。

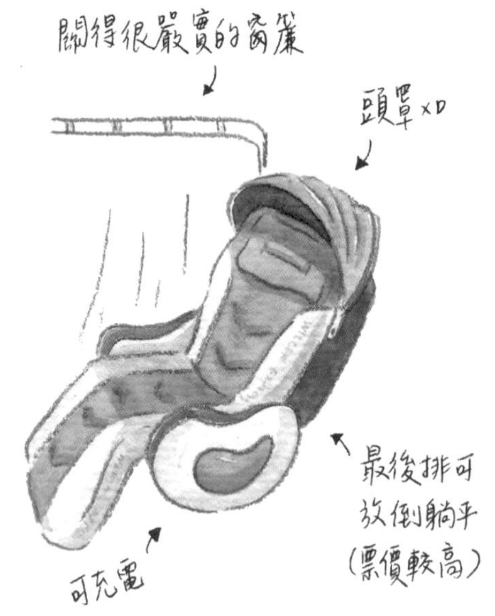

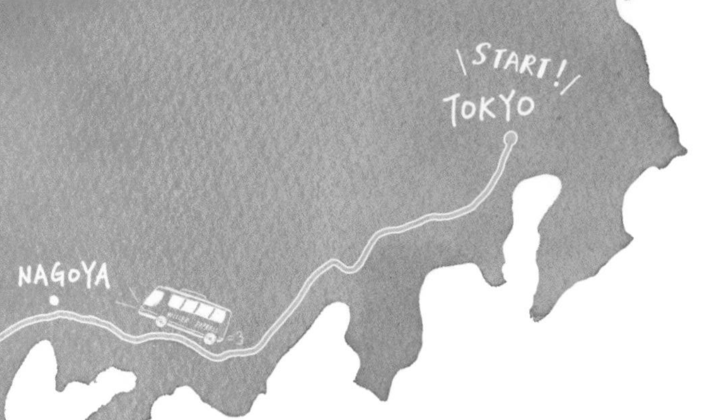

我選擇的夜車沒有附設廁所，想起幾年前在新疆搭乘長途巴士的體驗，望不見盡頭的漫漫長路上沒有什麼是比憋尿更痛苦的，於是上車前我很努力地多跑幾次廁所把自己瀝乾。

事實證明是我多慮了，日本的夜車體貼到幾乎每小時停一次休息區，給乘客十五分鐘活動筋骨上上廁所，還會拿出板子提醒集合時間，上車也會清點人數，既不用擔心喝太多水，也不用害怕被丟在休息區。

每輛巴士都有兩名司機輪班開車、較無疲勞駕駛的問題、讓人非常安心！

深夜時分休息站的廁所超級乾淨、乾淨到就算直接躺在這大概也不成問題的程度 XD

最後一排座位價錢較一般座位高，起初還不太清楚差別是什麼，但反正價差不大就還是訂了，上車才發現大家絲毫沒有要把椅背放下來的意思，有志一同地顧慮後座乘客整路都維持著直挺挺的姿勢（維持十二小時……），相比之下，後座無人的最末排就可以盡情放倒躺平睡覺啦～難怪是需要加價的等級啊！

日本人這般處處體貼他人的細節著實讓我敬佩不已。

在車上整晚隨著車身搖晃半夢半醒的，轉眼間迎來了廣島的早晨，八點鐘整抵達廣島車站，和表定時間一模一樣，不多也不少，近乎十二個小時的長程旅途還能分秒刻在點上，令我不禁再次讚嘆大和民族的謹慎與守時。回想過去在其他國家的夜巴經驗，不是突然有公安上車查證件、巴士加氣把所有人趕下車，就是早已過了表定時間卻卡在寸草不生的荒野遲遲看不見目的地，大概也只有在日本能讓我這麼不擔心突發事件的發生吧。

廣島車站前大批上班族們魚貫而出，我避開人群轉進洗手間刷牙洗臉端詳鏡子裡的自己好一陣子，年過二十五歲後熬夜帶來的就是隔日的胃痛與一臉倦容，我果然不是能在何處都睡得安穩的體質啊（笑），下次還是多花點錢搭新幹線吧。

広島
HIROS

HIROSHIMA Pref.

廣島

ひろしま

— HIROSHIMA City —

HIMA

廣島電鐵

在廣島市區散步一定會注意到可愛復古的廣島電鐵，一部部配色明亮的小小車廂徐徐穿梭城市中，成為廣島最指標性的畫面。

廣島電鐵除了路面電車規模為日本第一外，更被視為原爆復興的象徵之一，爆炸當年即便多輛列車毀損，路面電車仍在事發後三天內迅速恢復行駛，在那萬物俱滅慘無天日的災難中，隨之而來的是日常生活難以再回復的絕望，不難想像只要能有一件事仍運行在正常軌道上，對廣島人來說，會是多大的鼓勵與希望啊。

原爆圓頂館

歷史中的「那一天」並不如想像中遙遠……

原爆圓頂館旁擺了好幾份不同語言的資料，記載著原爆當日和後續報導，一幕幕看得我觸目驚心。

原爆圓頂館在 1945 年原子彈爆炸時剛好位於正下方不遠處，雖樓板無法倖免被一一衝破，但牆面承受的橫向破壞力較小，才得以殘留主構架，加上為鋼筋混凝土結構，和其他鄰近的日式建築相比較為堅固，所以事發後即便周遭一切都被夷為平地，圓頂館還是能以斷垣殘壁的姿態殘存下來，成為歷史事件最有說服力的見證遺跡。

原爆之子雕像以因原子彈罹患白血病過世的女孩形象象徵性地紀念遭受原爆波及的孩子，當年除了爆炸威力造成的當下衝擊外，事後衍伸出的各式悲劇與死傷也是不計其數，更有不少無辜的孩子在這場戰爭中遭受波及，來不及長大就面對成人也難以想像的病痛與生離死別。

我碰巧遇到一群學生帶著成串的紙鶴前來憑弔，大家排排站好齊聲歌唱，悠揚的童音繚繞在這片被串串紙鶴團抱的小小的廣場，願逝去的生命能夠安息，願此災難不再重演。

01 ／ 僅存斷垣殘壁的原爆圓頂館，前身是「廣島縣產業獎勵館」
02 ／ 千萬紙鶴迴繞廣場撫慰逝者
03 ／ 來自不同國家的我們一起在廣島閱讀事發「那一天」
04 ／ 校外教學中的學生們

宮島口背包客棧

清幽可愛的港口青年旅館

- 廣島廿日市宮島口 1-8-11
- +81 829-56-3650
- http://www.backpackers-miyajima.com/en/

青旅有提供腳踏車免費出借旅客使用、在港口旁騎車超舒服！

宮島口站可以從廣島站直接搭乘廣島電鐵抵達，小小的車站完全是為了供遊客轉駁至宮島而設置的，只有一些小餐廳、伴手禮店，是個相當清幽的地方。

為了能在宮島待到晚上，我選擇了就位在港口的背包客棧，初抵達時建築在夕陽的烘烤下呈現溫暖的橙色，襯著一旁亮晶晶的海岸線，心情也不自覺地放鬆下來了。

六百圓去飯店泡溫泉

青旅櫃檯貼了它們和附近飯店的合作方案，只要花日幣六百元就能享受飯店的澡堂。被膠囊旅館拒絕又被夜車折磨一晚的我當然不能錯過溫泉了！瞬間決定借了腳踏車驅車前往，果真是相當高級的大飯店啊，在這淡季時節只有我一人獨享澡堂設備，上班的疲勞、夜車的不適和倉促腳步而致的緊繃，在浸入溫泉的那刻好像都被洗盡了（放水流～）。

窩在露天泡湯區看著頭頂的星空，微風輕拂濕透的瀏海，身體暖烘烘的，我突然覺得像這樣把一切拋在腦後，自己一個人踏上旅程，想去哪就去哪，現在，或許正是我最自由的時候吧。

洗完澡出來早已天黑，回程只能仰仗月光和身後的車燈摸黑慢慢騎回去，我卻一點也不害怕，乘著海風踩著單車一邊哼著歌，回到青旅不一會兒就沉入夢鄉了，這是好久好久以來，睡得最好的一晚了。

HIROSHIMA Pref. —— HATSUKAICHI City

宮島

みやじま

— MIYAJIMA —

MIYAJIMA

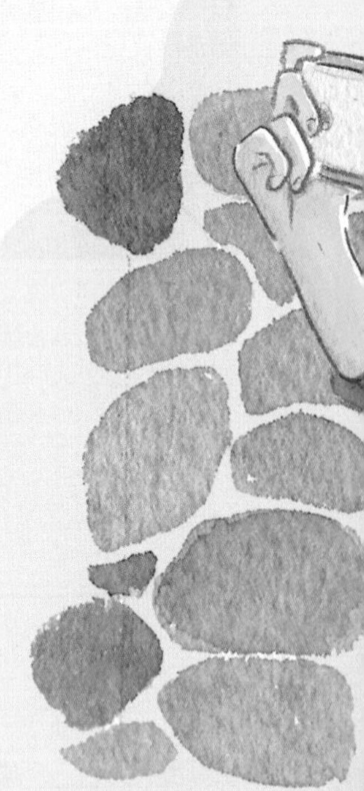

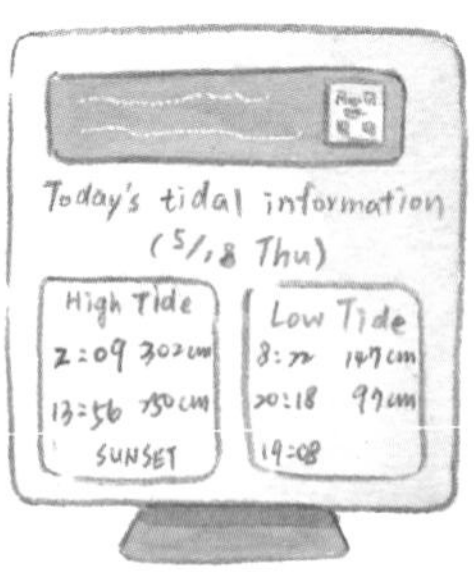

候船室有標示當日的預估漲退潮時間，可以配合潮汐安排島上行程唷！

開往宮島的船有宮島松大汽船、JR 西日本宮島渡輪兩種業者，後者號是稱能離宮島大鳥居最近的船，使用 JR Pass 還能免費搭乘唷～

間隔約十五分鐘一班船，乘船十分鐘就能抵達宮島了，相當便利迅速，錯過也不用太緊張，宮島是個可以悠悠哉哉抵達的好地方。（但切記要注意末班船時間，不然就要留在島上跟鹿作伴了～）

雖然一天的剛開始就任憑頭髮自由放風吹亂不太明智，但我還是擠上甲板往外看，蔚藍的天空和湛藍色的大海融成一幅不可思議的美景，清澈透明宛若仙境，原來宮崎駿動畫中波光粼粼的夢幻場景是真實存在的，甲板上傳出各種語言的驚嘆聲，看來不只是我，來自世界各的的人們都為這般清透明亮的藍驚艷感動。

雞年的可愛繪馬、
一整排列在一起
顏色繽紛又療癒！

嚴島神社

美得叫人屏息的海上龍宮

船上就看得到嚴島神社那朱紅色的神殿佇立在湛藍的海上，為如詩的自然光景增添幾許神聖莊嚴的人文氣息。

宮島被日本人視為神明棲息的島嶼，嚴島神社則在六世紀晚期就已建造完畢，有一千四百年的歷史，世界遺產的盛名當之無愧！或許是因為日本對古蹟文化的尊重態度，木構建築能在海面上搭設這麼久還像女明星一樣看不出歲月的痕跡，應該是下了不少苦功吧。

INFO

廣島県 廿日市市 宮島町 1-1　+81 829-44-2020
08:00—17:00（依季節而有所不同）　http://www.en.itsukushimajinja.jp/
成人 ¥300｜高中生 ¥200｜國中小學生 ¥100

嚴島神社採寢殿式樣的建築風格，平面廣闊地蟄伏在海上，面朝瀨戶內海、背倚彌山，任何角度都能看見山景海色與神社，寺廟建築不喧賓奪主地在自然地景中融合得恰到好處，且隨著潮汐變化各有不同風情，退潮時可以緩緩步行至前方的大鳥居，漲潮時則宛如龍宮浮在海面，使得嚴島神社的面貌更豐富多樣。

◀ 嚴島神社背後還有標註整年祭典的時間唷！

漲潮

退潮

彌山攻略

若要到彌山山頂展望台，可以選擇直接步行約兩小時左右的山路，或是搭乘纜車再走三十分鐘即可抵達。

宮島纜車

營業時間	
上山	09：00～17：00
下山	09：00～17：30

	往返	單程
成人	¥1,800	¥1,000
兒童	¥1,500	¥900

紅葉谷站 → 10 mins → 榧谷站 → 4 mins → 獅子岩站

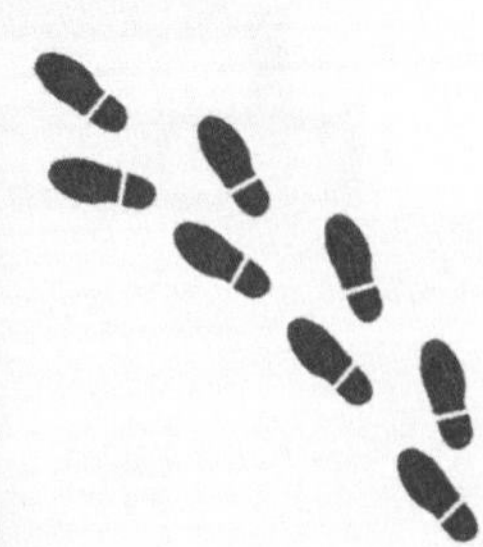

◀ 悠哉走去纜車站的路上，街景很有夏天的味道。

MIYAJIMA ROPEWAY
紅葉谷線 循環式
< Momijidani Line The circulating type >
宮島 ロープウエー
獅子岩線 交走式
< Shishiiwa Line The funicular type >
世界遺産・日本三景「宮島 弥山」への直行便。

▲ 纜車的門票，山海兩大景一次滿足的纜車！

平常看太多網路上日本怪談的文章了，我對隻身一人走進荒茫山叢中有點忐忑恐懼，加上車票上一大片蔚藍的海景瞬間就吸引我的目光，於是就選擇搭乘纜車上山啦～（真的不是因為我不想走！）

▶ 前進車站的途中也處處是美景！

◀ 到車站囉！手帳控們～
文宣品拿好拿滿！

▶ 可愛的纜車來了！
像我一樣的單人乘客很容易在車廂內認識人唷～

我的視角高度隨著纜車爬升逐漸拉高，一座座山丘頓時滑到腳下，開展擴編成壯麗遼闊的海色山景。

一個人爬山

從纜車終點站獅子岩站走到山頂展望台大概只有30分鐘的路程、人潮也比較多、可以很放心地和大家一起前進～
山頂展望台
くぐり岩
文殊堂 觀音堂
靈火堂
三鬼堂
弥山本堂
獅子岩駅

註：印章是使用小鹿工作室的不規則印章

爬山時不論遇到的人是男女老幼、日本外國
大家都會很有禮貌地說「こんにちは!」(你好)
一開始還對自己的發音沒有自信不太好意思
說、後來也就入境隨俗了~

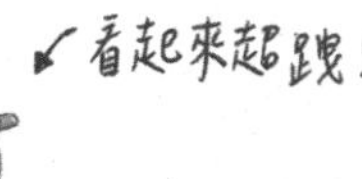

運動手環

原本就很生動的
小地藏、被打扮
後看起來更有生命
力了(還帶有些許
喜感XD)

用來為小孩祈福的
小石堆,不可任意觸摸
唷~

爬上山頂展望台，迎著五月初夏的涼風眺向遠方，海面粼粼波光倒映山影，能看見的不只是瀨戶內海一座座的小島，還有來時走過的廣島啊，上來這一趟真是太值得了。

おいしい！

宮·島·美·食

楓葉饅頭是宮島著名的特產之一，短短一條街道上就有好幾間販售楓葉饅頭的商家，有可以現場吃的點心店，也有能帶回去當伴手禮的禮品店。楓葉饅頭類似車輪餅一樣有紅豆、奶油……各種口味，差別在於做成可愛的楓葉形狀，且口感較為綿密，甚至還有炸的楓葉饅頭，口味層次更加豐富！有的店家還會提供熱茶中和甜膩或油膩的味道，算是在宮島絕對不能錯過的下午茶小點心！

說到宮島的牡蠣可是著名到連冬季都有牡蠣節唷！島上每間餐廳都有牡蠣品項，街邊還有烤牡蠣的小店，逛一逛一不小心就被牡蠣的香味吸引進店，點一盤烤牡蠣配上生啤酒望著蔚藍的內海是何等悠哉的享受，物美價廉完全體現在這座「牡蠣之島」上，就算我一整天就吃下了十二顆牡蠣，回憶起來還是很想念宮島的牡蠣啊！

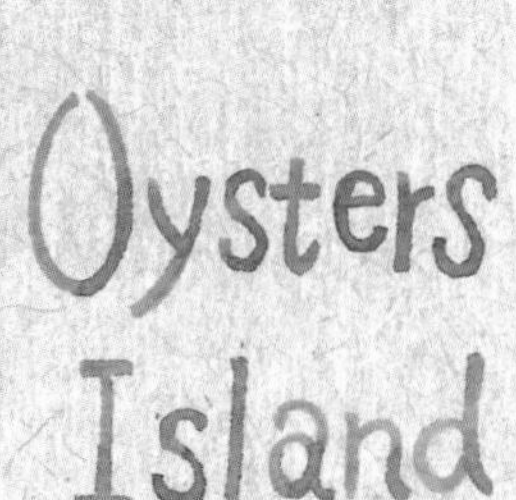

宮島小鹿

宮島的鹿溫馴又
可愛、連小朋友都敢
上前摸摸牠們。
毫無反應XD

▲ 超親切的小鹿，任憑我怎麼拍照都很配合！超級療癒～

或許是因為少了仙貝的催化，宮島小鹿不像奈良的鹿那麼暴衝勢利，每一隻都懶洋洋的，不是在樹蔭下睡覺就是在路上曬太陽，也很少走進商店街乞食，而且任憑遊客怎麼拍照逗弄都沒有太大的反應，儼然對人們沒有太大的興趣，在自己的世界中怡然自得淡定自處的超脫模樣，這才是所謂神的使者渾然天成的氣質啊。

殊不知……

晚上覺醒化身
不良少年！
DAY
NIGHT
白天還一臉溫良恭儉讓的宮島小鹿、
傍晚就換了張臉開始打劫了xD
是到快下班才趕業績嗎？xDD
WARNING!
夜露死苦！
一隻也就算了、
居然組隊成群搶劫
回程走在街上冷不防地被往
後扯、回頭一看發現一頭小鹿死
咬著我的外套（罪魁禍首是楓
葉饅頭的包裝）、唉呀！真是太
小看宮島的鹿了！

傍晚大家三三兩兩帶著剛買的伴手禮漫步到海邊欣賞退潮的大鳥居，金透的夕陽打在艷紅色的大鳥居上宛如仙境般的奇幻美景，然而突如其來的尖叫劃破這樣讓人感動的時刻，原來是好幾處都發生了「鹿搶劫事件」，隨著太陽落下甦醒的小鹿們這個吃那個也吃，從禮品紙袋到文宣品和地圖無一倖免，甚至還會成群結隊一起打劫分贓，吃不到就對著人大呼小叫，十足地痞流氓的模樣，嗚嗚我實在是錯看宮島的鹿了。

\ 什麼都吃 /

地圖等文宣品

名產包裝、紙袋

宮島大鳥居

美得不可思議的海上鳥居～自此跨入神的領域

早上路過宮島大鳥居，漲潮時部分沒入海中看起來還小小一個的，沒想到退潮後走向前靠近一看，鳥居居然這麼高大，壯觀魁武得讓人屏息，高達五層樓的尺度讓一旁的我們相形之下更顯得渺小，黃昏時分夕陽打在鳥居上，金光閃閃神聖非凡。

然而柱腳處除了被水泡得泛白外，到處都是密密麻麻的藤壺，緊密得快要看不見本體了，裂縫處還被插滿硬幣，總覺得有些可憐……幸好宮島鳥居都有定期修繕維護，才能在這麼惡劣的環境下久立於此話說中午時在鳥居旁……

ㄟ～漲潮時有一小塊
乾乾的、可以拍照、好可愛XD

正當我羨慕其他人有旅伴幫忙拍照時
突然有兩位超漂亮的日本女生叫住我……

不好意思，
請問可以幫我們
拍照嗎？謝謝ご
（日文）

OK

pose也很青春

飽和度100%?!
簡直是新海誠的動畫場景!!

後來她們主動幫我拍了
一張和大鳥居的合照

OKAYAMA Pref.

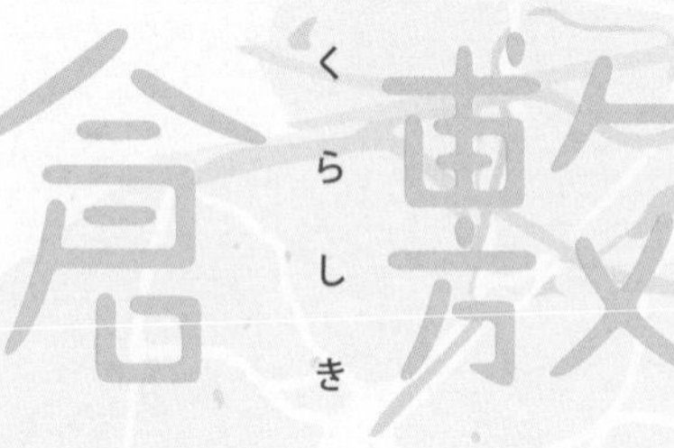

KURASHIK

標準背包客
嗚嗚看起來
好俐落！
14 kg的行李
完全搞不懂怎麼
塞到14 kg的QQ

一早費盡千辛萬苦把行李扛下樓離開宮島口站，搭上新幹線抵達岡山再轉車到倉敷，在火車上乘客寥寥可數的車廂裡幾個學生拿著書本輕聲交談，我倚在窗邊看著窗外的景色，被陽光烤得暖烘烘的昏昏欲睡，突然想到隔天男友會從臺灣飛來和我一起去瀨戶內海旅行，換言之，為期一週的單人之旅就此結束，這是我一個人在日本的最後一天。

回想剛出發時的惴惴不安隨著走的路越遠被沖得越來越淡，淡到都被我全盤遺忘了。旅途有趣的事太多，我專心注意這些新奇的事物根本無暇去思考害不害怕、寂寞與否，連眨眼的空隙也沒有就「咻咻咻——」地迎來最後一天。

倉敷美觀地區路面鋪滿石子、
我拖著行李箱走在上面發出
「咔啦～咔啦～」的濤天
巨響、在這般安靜的街道裡、
只能像做錯事般快速前進。

咔啦～
咔啦～

半日散策夥伴登場

平日正中午的倉敷街道有些冷清，隨便找間拉麵店解決午餐，店內人不多，多數人都已用完餐點正享受著飽足後滑滑手機發發呆的小憩時光。我點了一碗鰆魚拉麵，初次品嚐鰆魚，吃了第一口差點吐出來，因為和預想味道相差太遠，是略微酸甜的滋味，這樣天南地北的反差讓我嚇了好一大跳。

味道很微妙的鰆魚拉麵、酸酸甜甜的。
小豆島ラーメン
事後才知道小豆島拉麵在岡山似乎很有名。

當我在和味道怪異的鰆魚奮戰，不時偷聽到隔壁的外國人一副窮極無聊的模樣頻頻和店員以及擦身結帳的人搭話，但大家都只是投以靦腆的微笑簡短回答是或不是，更甚者沈默以對，於是他將目標轉到我這邊，起初他以英文說出國名時，我還很羞赧地表示不知道是哪裡（誠實），一邊覺得自己好歹也該裝個樣子，一邊拿出手機打開 Google map，才知道原來他是來自以色列。

他隨著我的驚呼重複念出「以～色～列～」，對照他標準的英文發音，那一刻深深覺得中譯名還真的是沒有點聯想力難以駕馭的博大精深啊。

「妳知道這附近有什麼有趣的嗎？」

「紙膠帶店！」

「什麼？紙膠帶店？！」

不難理解一名自中東國家遠道而來日本的中年男子聽到紙膠帶能有多突兀，我都能看見他頭頂閃現的黑人問號了，於是我就帶著這位大叔開始了倉敷文具之旅。

如竹堂

紙膠帶控的天堂～

INFO

- 岡山県倉敷市本町 14-5
- +81 86-422-2666
- 10:00—17:30
- http://nyochiku.906.jp/

紙膠帶擺滿整間古厝，簡直就像紙膠帶博物館一樣壯觀，每一角落都不時傳來各種語言的「好可愛～」驚呼聲，真是相當療癒的地方。

如竹堂就和多數獨立文具店一樣，客群組成八成都是女生！！越靠近店面便有越多文具系女子出沒，非常好找，站在店門口望進去，見到那麼多和自己志同道合的女生，我不禁興奮地說道：「裡面好多文具系女生！」

Micky 看看店內再看看在「男友停放區」滑手機的男士們，轉頭為難地望著我問道：「我……可以進去嗎？」

「Hahaha...Sure!」原來他看到店內全都是女生，以為是有什麼男女授受不親的東亞神秘規定才遲遲不敢進去啊。紙膠帶的世界是來者不拒的！（雖然他對紙膠帶的好奇心晃一眼就結束，但好在最後於一旁的手翻動畫書中找到樂趣。）

超可愛的360立體書！
我對立體的小東西
真的很沒抵抗力XD

倉敷意匠／林源十郎商店

讓人淪陷的手作雜貨舖

INFO

倉敷意匠

岡山県倉敷市阿知 2 丁目 23-10 林源十郎商店一樓

086-441-7710 10:00—18:00（週一休）

原本還以為倉敷意匠本身就是一間商店，跟著 google map 在街上徘徊來回好多趟才發現原來藏在林源十郎商店一樓。

除了紙膠帶外，店內還販售了各式各樣的小雜貨，精美的包裝上繪有饒富童趣的插畫，算是較有質感的復古風格，很適合挑選伴手禮們，實在是個很容易失去理智、讓荷包君哭泣的小店。

倉敷意匠源自江戶時代倉敷地區，老字號的手工品牌下每樣日常用品都承襲了舊時代的古樸風格，在在感受職人們的用心與創意，更棒的是台灣現在也買得到他們的商品了！希望之後能有更多品項進駐～

林源十郎商店二樓設有「林源十郎商品紀念室」，隨著一張張黑白老照片感受到林源十郎商店將傳統價值融入日常中的理想。在這處處簡約便捷的現代社會，承先啟後地貫徹過往的手藝精神與信念更顯得彌足珍貴，即便是小小的火柴盒都能設計出自身的韻味與深度，讓人感到溫暖與用心，生活不再只是生與活，生活可以有更多變豐富的樣貌。

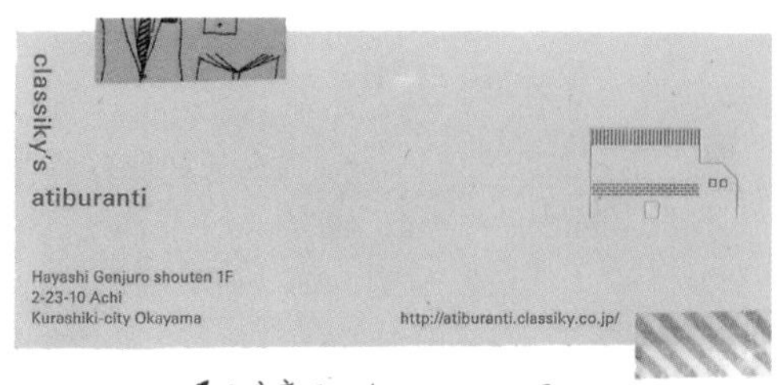

倉敷意匠的名片也很有巧思、右邊的房屋可以立起來唷!

一看就覺得好蠢好可愛、引人發笑的便條紙。

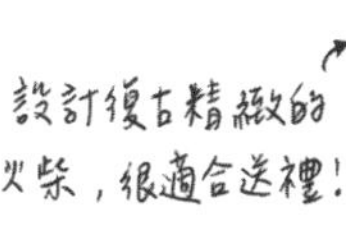

設計復古精緻的火柴，很適合送禮!

一系列動物造型的小器皿、配上圓圓大眼睛和點點白毛、大型動物也變得超可愛!

INFO

林源十郎商店

岡山県倉敷市阿知 2 丁目 23-10

10:00—18:00（週一休）

http://www.genjuro.jp/about/index_tw.html

午後的倉敷又曬又熱，街道又不像台灣有騎樓可以遮陽避暑，綁馬尾的我不一會兒後頸就被曬得通紅，於是走到林源十郎商店二樓時，立刻決定點份少女心滿滿的冰品，雖然不是岡山招牌桃子盛產的季節，只有草莓和西瓜，但清爽的夏日口感和繽紛的視覺饗宴雙重夾殺下，也是一大享受啊！

▲ 林源十郎商店頂樓露台，很熱。

▲ 站在頂樓露台除了可以看見古典的倉敷美觀地區，也能遠眺周圍大樓，古典現代相映成趣。

池原昭治展

一位很有藝術家氣質的大叔
在門口招呼遊客進來參觀。

INFO

童繪作家 池原昭治

🌐 https://www.ikehara-shouji.com/

1939 年出生的畫家池原昭治，出過好幾本童書及畫冊，繽紛的配色和充滿童趣的筆觸，每一幅畫的角色都好有靈魂，即便現在來看也是很討喜的畫風，讓人不禁隨著他筆下的主人翁一同開心、一起難過。

作為桃太郎故鄉的倉敷有不少桃太郎的周邊產品，而池原昭治的桃太郎若號稱「最可愛桃太郎」也當之無愧，只是……我總覺得桃太郎的可愛度好像略輸惡鬼一點，角斷掉一臉無辜的表情也太犯規了吧！

婚紗照人氣景點

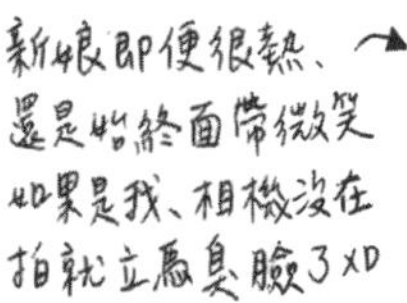
新娘即便很熱、
還是始終面帶微笑
如果是我、相機沒在
拍就立馬臭臉了XD

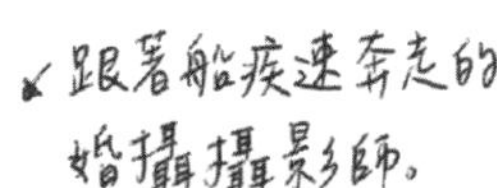
跟著船疾速奔走的
婚攝攝影師。

倉敷川不時有穿著正式的新人成舟駛去，傳統禮服配上倉敷韻味十足的建築，構成一副古色古香的浪漫景緻。緊跟在新人旁的，是在岸邊疾走的攝影師（超敬業），相映之下真是十分有趣的畫面。

倉敷街景

細細觀察每一棟
建築都有小巧思、
尤其是「簡直就像
紙膠帶貼出來」的
紋路特別有趣可
愛！根本就是天生
賣紙膠帶的小鎮！
(一廂情願xD)

搭公車從倉敷火車站出發，約十分鐘就能抵達倉敷美觀地區，且因為美觀地區獨特的建築風格，無論如何都很難搭錯站，是個很好辨識的區域。

曾在十七世紀作為米、鹽、棉花集散地而繁盛的倉敷美觀地區，興建的住宅倉庫和轉駁的商船日益成正比地增長，倉庫數目多到被取名為「倉敷」，且直到如今還保有江戶時代的建築景緻，一棟棟白壁黑瓦的民居商店對照不遠處的現代化大樓，還真有進入影城或是誤闖時空隧道的錯覺。

然而看似古樸的街道其實也注入許多新時代的活力，街道巷弄間不少藝廊茶屋咖啡廳被包夾在傳統的建築外殼內，和傳統的倉庫住宅柑仔店老餐廳交會成一副獨具魅力的城市地景，就像兒時扭開出奇蛋包裝時的忐忑雀躍，總讓我期待下一個轉角又會是什麼樣的景緻。

↑動作表情都充滿問號的土偶XD

關於以色列男子 Micky

倉敷實在出現太多桃太郎的周邊商品了，從人孔蓋、人像公仔到食物和其他周邊商品，到處都是桃太郎的身影，而當 Micky 詢問我桃太郎是誰時，英語語彙詞庫不見得贏得過幼稚園生的我，比手畫腳地解釋到全身出汗還是說明不清楚，光是從桃子裡出生這個開頭轉成英文說出口都讓我覺得荒謬到有些羞恥了（但他本來就是童話嘛，但我連童話的英文都不會說）於是最後乾脆放棄簡化成桃太郎是兒童的英雄，孩子們都愛他，誠摯希望他日後有好好上網查查有關桃太郎的故事。

話說若有男孩搭配動物的偶像團體出道的話、我應該會二話不說成為腦粉吧！

關於以色列大哥 Micky，在倉敷街上散步時聊了很多話題，從日常生活到旅行、宗教、政治，用我破爛的英文一來一往還是談不少，促使我想了很多從沒想過的有關台灣的事、對日本的觀點，以及以色列的事。

在探索日本前，我也曾到過較遠的國家旅行，但對沒有興趣造訪的地方概念稀薄到幾近於零，國際觀侷限在一條條待訪項目裡，其他地方對我都是只有幾個簡單關鍵字的灰色圖塊，然而聽他說起以色列的事，不知不覺間，也把它記在我的旅行清單上了。

傍晚 Micky 陪我回青旅辦理入住並幫忙將行李扛上樓。

Micky：「妳沿途都帶著這個跟石頭一樣重的行李箱嗎？」
我：「呃……對，但我男友明天就會來日本跟我會合了，他會幫我搬～」
Micky：「哦～哈哈！那就是為什麼女孩需要男朋友！」
以色列人也是滿懂的嘛！

到房間後想起他在路上問道紙膠帶該怎麼運用，便把我的手帳拿給他看，反正他也不太懂中文，大方地整本給他隨便翻也毫不害羞。

當時的我之所以開始寫手帳，純粹是想在工作之餘加入一點其他的熱情，趁著離職前稍緩的職場步調重拾求學時代的興趣，和完成一整幅畫作卻因為完成度太低導致挫敗感相比，手帳能自由地以照片文字與貼紙紙膠帶輔助的方式恰好很符合我「只想畫一點點插畫」的練習需求，越畫越有興趣、越畫越有成就感，一不小心，我栽入這個世界裡欲罷不能。

那時我的手帳尚未在網路上分享，讀者除了我一人以外，就只是偶爾會在男友前晃個兩眼（但絕不給他細看內容），而第二位讀者會是旅途上偶遇的以色列人，是我從沒想過的事，只能說緣份真的很奇妙。

或許是因為讀不懂中文，他認真地端詳每一頁的插畫構圖和排版，並一一給予高評價的回饋，看著他那麼仔細閱讀的模樣，總覺得自己能夠身為一個喜歡畫畫的人，真是再幸運不過了。

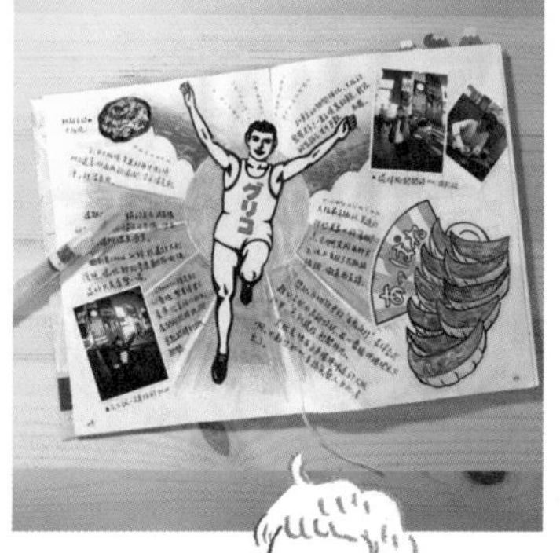

Micky 看到的手帳是我 2017 年初去京都大阪玩的紀錄，當時還沒將老家的水彩帶回租屋處，都是使用水性色鉛筆盒水筆繪製的，和現在的風格很不一樣。

Do you want the tickets?

Micky發現我會將車票貼入手帳中後、
試圖捐贈自己的票根給我
煩欸 XDD
誰要別人的票根啦!!

101　102

01 ／ 搭船遊覽倉敷有更不同的復古體驗唷～

02 ／ 跟小橋離得好近啊……

03 ／ 逛累曬熱了不妨到柑仔店吃冰吧！

NAOSHIMA

KAGAWA Pref.

— NAOSHIMA —

錯過藝術祭的瀨戶內海

我的
跳島路徑

直島 → 豊島 → 小豆島 → 男木島 → 女木島

這趟跳島旅程一如我老是抓不準最佳時機的慢半拍性格，是在藝術祭已經過了五個月的 2017 年初夏。

淡季比不上旺季時候熱鬧蓬勃，部分店家也是呈現「休息中」的空屋狀態，人們閑閑散散回歸日常緩慢的步調，連島上的貓都搖頭咕噥著我們來錯了時間，但是即便如此，許多常駐型藝術品仍堅守崗位敬業出場中，且少了熱鬧喧嘩人擠人的場面，自然增添幾分小島閒適悠哉的氣氛，更棒的是不用排隊也不需預約，**只要注意各**

島的休息時間，在淡季時節的瀨戶內海還是能玩得滿盡興的。

且每年都有大把大把的自助旅人絡繹不絕地前往瀨戶內海感受藝術之島的洗禮，幾乎所有資訊都能在網路上找到，建議出發前研究研究強大的官方網站唷！

旅行就是這樣，就算在網路上看了再多照片與介紹，親臨現場的感受仍是不同凡響，空間場域音域在在左右了每個人的想法與看法，長途跋涉好不容易看到的景緻不是手指滑滑就能比擬的，鏡頭外自己意外發掘的小細節更是我之於當地獨特的回憶。除了浸身感受外，建築的精彩與細緻，也讓結構工程背景的我止不住燃起熊熊熱情，先是讚嘆感慨「日本人到底是怎麼辦到的 ?!」，然後掙扎一下、猜想一下，再去找答案。回憶起來這段離職後的 gap month 簡直就像一場獲益良多的校外教學呢～

瀨戶內海藝術祭

https://setouchi-artfest.jp/tw/

家計劃

玄米心食

安藤忠雄
博物館

草間彌生
大南瓜

地中美術館

直島錢湯

ONE DAY
TOUR

NAOSHIMA

ましおな

本村家計劃

直島小學

地中美術館

黃色大南瓜

本村家計劃

有如大地遊戲的藝術祭作品

直島一如其他遠離市區的鄉村聚落，同樣有著人口高齡化的問題，年輕人各個離家遠去徒留下的棟棟老屋外，島嶼北側受銅冶煉廠污染的負面形象更是深植人心，好在近年於政府、企業和居民的努力下，透過藝術讓直島的形象有了不只一百八十度的轉變的，正是這些普世觀點「看不見的價值」和「不能當飯吃的」藝術，讓這座日漸凋零的小島躍升成為舉世聞名的「藝術之島」。

從原有的島嶼發覺自身的魅力與價值，藝術家一系列的「家計劃」將這些別具特色的老屋改造為藝術空間，不是大刀闊斧地輾殺原有特色再興建與該區毫不相干的大型景點，而是想盡辦法讓原有的已屆遲暮之年的建築物返老還童重現嶄新的生命力。每個展間都有自己獨到之處，有的讓人為之動容、有的窩心得令人會心一笑、也有的作品可能，根本不會打動你心，但我想身為觀者的我們即便無法延伸出所謂的寓意、即便說不出感動的原因，但只要放輕鬆好好用自己的眼睛看看眼前的作品，能在心底撥起一

點點微小的激盪就十分足夠了。（當然就算沒有半點激盪不是什麼太糟糕的事）

門票設計得像張尋寶圖，在巷弄裡拿著門票按圖索驥的參觀方式就如同參與大地遊戲般有股闖關的成就感，由藝術家充當關主引領旅人一步步走入他們的世界觀，每逛完一個展間就能多認識一位藝術家。在街道巷角散步探找展壁時，本村地區也儼然成為了一座巨型的戶外美術館，任何地方都值得細細品味探索，藝術不只侷限家計劃範疇幾座老屋內，更延展至本村地區每一個角落，總能在民宅般的普通建築上瞥見讓人驚喜的風景。

INFO

- 直島本村
- 10:00—16:30
- 共通門票 ¥1,030（可參觀除「Kinza」外的 6 棟）
  單一門票 ¥410（僅能參觀除「Kinza」外的 1 棟）
- 家計劃：石橋、護王神社、角屋、碁會所、齒科、南寺、Kinza（需預約＋額外購票）

「安藤忠雄／南寺」

由安藤忠雄設計的南寺是我們參觀「家計劃」的第一站，展區有人數限制，參觀前工作人員會示意關上手機，並扶著牆面小心前進。我忐忑地走入一片漆黑的空間，什麼都看不見的不安感在心底爬升，光影建築師居然設計出這麼個漆黑的盒子？

待眼睛熟悉黑暗後，赫然發現在這漆黑的環境中有一點點光源，正前方電腦螢幕般的長方形透著微光，工作人員示意大家走向前伸手摸摸看，預計能觸到「什麼」的雙手卻意外地撲了空，什麼也摸不著，才發現是室外的光線透過下方的小孔溜進了室內，空氣中細小的金塵在這片黑暗中被燦照得熠熠生輝。

「杉本博司／護王神社」

玻璃階梯鑲嵌在混凝土台上、在陽光的照射下一閃一閃的、和瀨戶內海的清澈印象十分相襯。

走過一小塊山林可見到整建後的護王神社，我們望向被陽光閃得灼人的玻璃樓梯發著呆，直到工作人員示意我們往下走並遞出手電筒，才發現一旁原有個小下坡通往隧道。走進隧道，黑暗瞬間將我們倆人吞沒，惴惴不安地在漆黑中慢步前行，一轉彎，前一刻才揮別的玻璃階梯赫然出現在眼前，原來是正殿的階梯一路延伸至地下石室，隨之導入的陽光在這片漆黑中更是莊嚴神聖。

轉身依循原路往回走看見波光粼粼的瀨戶內海在眼前豁然開朗，並在隧道金屬壁體反射成好看的畫面，和走進洞穴的心境相當不同。

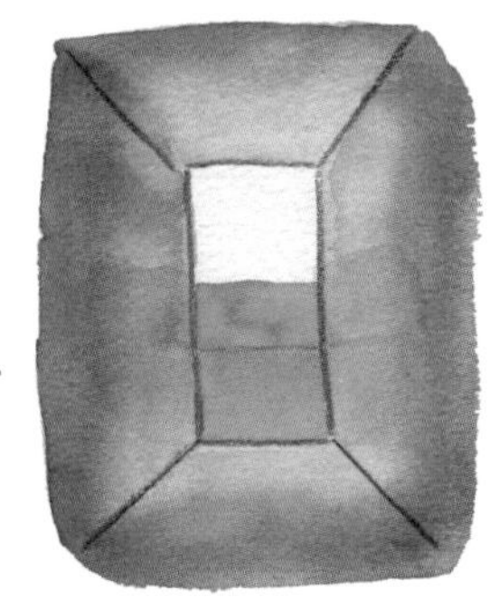

回程能見到遼闊的瀨戶內海、和走進洞穴時微微不安的心境相當不同。

神社前的小廣場鋪滿了潔白的鵝卵石

以玻璃階梯連接正殿和地下室、並將光線引入黑暗的空間。

「大竹伸朗／齒科」

大竹伸朗的齒科有著特殊的魔力，好幾次騎單車路過都被那難以忽視的存在感吸引過去，大學時代跟著攝影社前輩探訪過不少台灣廢墟，它們有的安靜沈默卻氣勢滂礴、有的熱鬧喧鬧但親切怡人，然而被改造成如此爆炸強烈風格的，我還是頭一次見到。

脫下鞋子走進漆黑一片的一樓，待眼睛適應黑暗後，還沒抬頭看看裡面有些什麼，只見牆角壁邊或坐或趴的窩了好幾坨人群，

自由女神像戲劇化地伸出二樓開孔、和一旁的斑駁廢墟相比潔白無瑕、沐浴在陽光下的姿態更是閃耀動人！

定眼一瞧，各個身旁全副武裝的配備，原來因為禁止攝影的規定，引出不少有備而來寫生的人們。

我的插畫多數是回來後參考照片畫下自己深刻的畫面，當下寫生太困難也太害羞了，因此禁止攝影的規定曾令我埋怨苦惱過，但後來覺得這樣的規定反而讓展場空間清幽安靜許多，少了快門聲和擺拍喧鬧聲，用自己的眼睛與畫筆記錄下真實的一刻，看著他們專心筆下的認真模樣，令我好生羨慕，下次再來造訪我一定會帶著畫具加入寫生的行列！

因為禁止攝影的規定、可以見到不少人在展區內寫生、用畫筆記下深刻的畫面。

玄米心食

天然美味的直島料理

INFO
- 香川県香川郡直島町 761-1
- +81 87-892-3830
- 11:00—15:00（週一休）
- http://aisunao.jp/

玄米心食
あいすなお
Amazing!!
背都黑了!
一靠上去
才發現是
像木碳的
材質(泣)
MENU

\ Lunch Set /

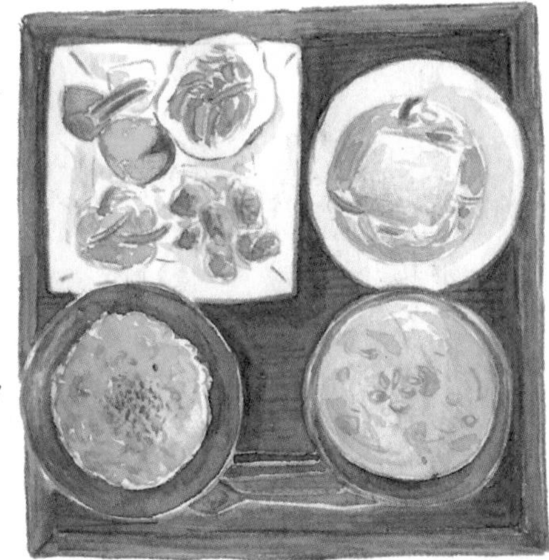
讓質感up up的
木質托盤
豆腐和香菇
都很美味！
(日本人真的很
會做豆腐！)
軟Q好吃的
紫米飯+黑芝麻
相形之下
略微遜色的味噌

玄米心食應該是直島上最有人氣和名氣的餐廳了，菜單照片配置一目瞭然、店員熱情又客氣，在這個過了藝術祭的淡季居然還需要排隊，好在可以先登記節省站在那發呆的時間。

古樸的民居建築和賞心悅目的擺盤，還沒入口對玄米心食的好感度就直接加三級分。對連吃火鍋都不沾醬的我來說，每道料理都是採用新鮮的食材配上簡單的調味，這般清爽自然的口味格外深得我心。吃得津津有味時突然想起剛從瀨戶內海離開的 Micky 就曾表示他偏好類似燉飯那種把許多食物攪和在一起的餐點，因此覺得小島上的食物太過單調乏味，想想口味文化差異還真的是蠻大的啊。

午飯時光我們倆人分掉一瓶冰透的啤酒再上路，這是在直島特有的悠哉啊。

01 ／ 喜歡日式風格的榻榻米也能一次滿足唷～
02 ／ 終於有不是自拍的照片了～
03 ／ 空間規劃得很不錯呢～

中奧咖啡館 Café Salon Nakaoku

在時髦的復古民居喝咖啡

來到直島的第一天晚上，我們穿梭在小巷田道來來回回，好不容易才找到夜間仍有營業的中奧咖啡館。

INFO

香川県香川郡直島町本村中奧 1167　+81 87-892-3887
11:30—15:00　17:30—21:00（週二休）

簡單美味的
蛋包飯

日式古宅的餐廳進門需要先脫鞋，讓人第一時刻就有走入家中的放鬆愜意感。室內保有原先建築的古樸質感，牆面留下一些斑駁痕跡沒有被漆成突兀的新色，一樣樣質感良好的木製傢俱在在顯示主人家的好品味，時髦又復古。雖然餐點樣式不多，但每樣都很精緻細膩，簡簡單單引出食物的原味，配上擺盤、燈光和音樂，遠離城市的嬉鬧喧嘩，輕鬆自在地享受小島悠閒的步調。

01 ／ 可愛的日式布簾
02 ／ 當然也有榻榻米空間
03 ／ 擺放的文宣品像是精心挑選過一樣每份都很有設計感
04 ／ 好多古舊的家具，很有外公家的氣氛
05 ／ 很時髦的吧台

超新鮮的魚！
大廚還特地出來說
這是XX魚(忘了)
在都市吃會很貴

安藤忠雄博物館

安藤迷不能錯過的博物館

乍看之下就是一間漂亮的民宅或餐廳、總之是一臉和安藤忠雄沒有太大關係的樣子。

INFO

- 香川県香川郡直島町 736-2
- +81 87-892-3754
- 10:30—16:30（週一休）
- 成人 ¥510 ｜ 15 歲以下免費
- http://benesse-artsite.jp/art/ando-museum.html

安藤忠雄博物館落在本村地區一棟木構建築中，如果不說是安藤忠雄博物館，大概會以為是高檔日式餐廳或是主人家特別講究的民宅吧，但並不是，它是安藤忠雄博物館，一副和安藤忠雄沒有半點關係的樣子的安藤忠雄博物館。

光線透過木構造
走入室內，在混凝土
牆面上印上很漂亮
的光影

我帶著滿滿違和感走進庭院瞥見地上放了一座意味不明的透明錐，研究半晌還是搞不懂用途，只好轉身走進室內，一踏入，撲面而來的便是滿滿的清水混凝土，安靜低調地被包裹在木構建築內，想來或許也是我對安藤忠雄的定義太過狹隘，但看到這些灰色牆面終於才有了「是 Ando museum 啊」的感覺。

在館內東張西望的我一個不注意撞上轉角，發現本該尖銳的崎角被修成平角了，僅限於人上半身可能碰上的身高範圍內，如此簡單的小地方道盡了日本人細緻的體貼。

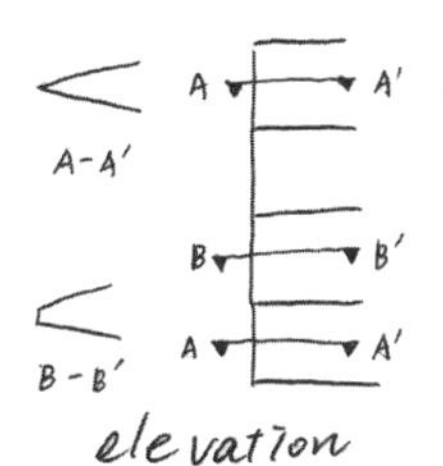
A
A'
A-A'
B
B'
A
A'
B-B'
elevation
混凝土折角處
在人可能碰到的
高度都被修成鈍
角、真是相當體貼
的小細節！

擺了很多
安藤忠雄作品
的介紹資料。

順著動線走入最後一個空間突然恍然大悟，原來最初瞥見的透明錐用途不可小覷，陽光透過透明錐折射點亮無燈的半地下空間，日光在灰色溫潤的牆面上渲染得洗鍊有質感，頭頂的混凝土圓形天花板周圈出好看的光暈，乍看之下就像漂浮在空中，可惜，看不到天花板的支撐方式令我相當不安，被驚艷驚喜取而代之的感想是，這根本是土壤力學中的單向度壓密試驗吧？不禁覺得（物理上的）壓力超級大……是個對我來說無法久待的空間。

透明錐將陽光
折射進地下室空間
1F戶外
concrete
壓力山大~
好沉重~
人站的位置看不到上方混凝土塊支撐方式。

單向度壓密試驗

土壤力學中求取土壤性質的試驗之一。土壤壓密試驗（Consolidation Test）的目的在於求取土壤壓縮性的常數，如壓密係數 Cv，體積壓縮係數 mv，壓縮指數 Cc 及滲透係數 k 等，以供計算結構物在土層上的沉陷量及沉陷速度。

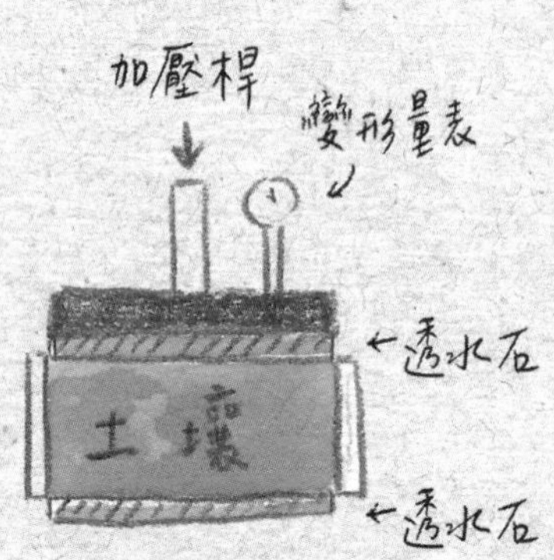
加壓桿
變形量表
透水石
土壤
透水石

姓名：安藤忠雄

出生：1941 年 9 月 13 日

安藤忠雄自大阪府立城東工業高校畢業後，利用拳擊比賽贏得的獎金前往世界各地旅行，在旅途的過程中親身感受學習建築。1969 年創立安藤忠雄建築研究所，接連發表了以清水混凝土建造的住宅和商業建築，簡約洗鍊的幾何風格引起潮流和討論，名聲也隨之聲名大噪，建築作品遍佈全世界。1995 年獲得普利茲克獎。作品最為人驚喜的在於建築物中的光影配置，隨著每日自然光源的變化有著的不同屋顏。

在直島的作品：

- 倍樂生之家 - 地中美術館 - 安藤忠雄博物館 - 李禹煥美術館 - 家計劃／南寺

在台灣的作品：

- 亞洲現代美術館（亞洲大學）（台灣 台中市 霧峰區，2013 年）

官方網站：

http://www.tadao-ando.com/

資料來源：維基百科

點點女王的大南瓜

直島的超級人氣偶像！

草間彌生的黃色南瓜是直島的人氣偶像，應該不少旅人都是被網路照片中豔黃色的大南瓜吸引而來的，從大南瓜雕像到小南瓜鑰匙圈，直島到處都是它的意象和周邊商品。

飽和度百分百的南瓜被蔚藍的大海襯托得更顯明亮，不論攝影技術再差拍起來都不會醜到哪裡去，也難怪只要搜尋直島就會跳出一堆南瓜的寫真。

若想要和人氣 No.1 的黃南瓜合照可是相當需要恥力的任務。人潮從左自右一波波湧進，不論是拿著自拍棒的少女還是全副武裝身背大砲的攝影能手，所有人都閃爍著眼神針對唯一目標大南瓜邁進，排了好一陣在隊伍終於輪到自己上陣時，又需要抵抗眾人炙熱的目光，真不愧是直島最受歡迎的地標啊。

可惜每次看到它
它都一溜煙地開走了、
很難好好拍照 QQ

Wow!
背景不如黃南瓜
漂亮的紅南瓜
優點是可以鑽
進南瓜內、而且
幾乎沒有人排隊！

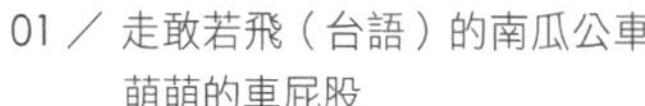

01 ／ 走敢若飛（台語）的南瓜公車萌萌的車屁股

02 ／ 還有紅色南瓜版配色唷！（一樣也是飆速行駛很難拍到）

03 ／ 點點紋床單

◀ 民宅上的自製小南瓜。

姓名：草間彌生

出生：1929 年 3 月 22 日

被稱為日本現存的經典藝術家，出生於日本長野縣松本市，在 1957 年移居美國紐約市，並開始展露她占有領導地位的前衛藝術創作，現居住在日本東京。她曾與當代其他藝術家如安迪·沃荷、克拉斯·奧爾登堡、賈斯培·瓊斯一起聯展。被美國藝術網站 My Morden Met 選為「21 世紀十大前衛藝術家」。

知名作品：《南瓜》系列（1982 ～ 2014）
《高跟鞋》系列（1999 ～ 2015）
《無限鏡屋》系列（1965 ～ 2014）
《無限的網與點》系列（1961 ～ 2013）

官方網站：http://yayoi-kusama.jp/

資料來源：維基百科

直島好漢坡

直島有很多斜坡
建議可以租電動腳踏車唷！
>30°
部落客 A小姐

從黃色大南瓜過去地中美術館需要騎上一段不太科學的斜坡，我望著那快超過 30 度的坡角不斷質疑「真的是往這走嗎？」直到看見一對日本情侶牽腳踏車苦笑著走上去時，才真切地明白就是這樣沒錯，往上走吧。

然後走不到一半就讓我懷疑人生了。

從小到大體育課就是窩在一旁連幫人出聲助陣都懶洋洋的我，工作後更是無力也無心運動，整日窩在電腦前敲打鍵盤充其量只滿足了手指的運動量，遇上這種斜坡，想當然爾，只能把袖子擼到腋下，氣喘吁吁、半死不活地牽著車。

前往美術館的路上經過好幾個彎道，每每期待繞過這個彎就到了吧？結果轉過去又是一連串的上坡，推著車在山路間低頭前行，完全沒有欣賞美景的興致，一步一步，簡直就像沒有盡頭似的山路無限綿延而上。中途路過幾個一派輕鬆的老外，經過我們身邊時還大聲為我們加油打氣，我勉為其難擠出笑容禮貌以對，心裡卻暗自碎念「外國人果然不一樣啊，也太勇猛了，可能是戰鬥民族吧，居然騎得上去」，仔細一看發現

什麼戰鬥民族？人家騎的可是電動車啊！

令我憾恨的是明明做行前做功課有記下一定要租電動車，但是一見到民宿附的免費腳踏車，瞬間就把這項訊息徹底拋諸腦後了，內心欲哭無淚的我只能在沒有盡頭的上坡牽著車。

強烈建議和我一樣室內派的人，一定要租電動車。

費了好大的功夫終於抵達前方是下坡的高點，拚命過後豆大的汗珠和皮膚上的黏膩感被迎面而來的海風一一瀝乾，小腿有點痠痛，但心裡卻覺得很踏實。幾座小島縹緲地浮在遼闊的海面上，運動後的爽快後勁油然而生，心情隨之豁然開朗。

騎電動車的人看到的風景肯定沒有我們深刻啦（嗚嗚）。

地中美術館

直搗直島～！埋進島嶼裡的美術館

地中美術館相較安藤忠雄博物館，就長得十足安藤忠雄的模樣了，清水混凝土在山林間低調極簡卻有著不容忽視的氣勢，這種不過度招搖的門面設計一如這座小島處處招人會心一笑的驚喜，實在太討人喜愛了。

INFO

- 香川県香川郡直島町 3449-1
- +81 87-892-3755
- 10:00—18:00
  ※10 月—2 月至 17:00
- http://benesse-artsite.jp/en/art/chichu.html
- 成人 ¥2060 日圓 | 15 歲以下免費
- 若是藝術祭，請先上網預約唷！
  建築師：安藤忠雄

還未進入便覺得
這座美術館真的很不一般，售票
口離建築物本體還有一小段上坡，途中甚至安
插一座開了蓮花的池塘，再往前走幾步就能見到地中美術館
的路口，走進美術館像是被一隻蟄伏山地的巨獸大口吞下，通過
長長的灰色喉嚨步入室內每一個腔室，訝異驚喜著每樣細節立面
都有其獨特的亮點時，不知不覺間，我們已經走進地中了。

覺得每一個立面都很有趣就乾脆放在一起了，是三角形空間不可能出現的視角。

周圍的廊道只有一道配合走廊斜度延伸的隙縫，一如安藤建築中經常展現的手法，沒有什麼人為光景的室內，只有陽光穿過連續不間斷的小開窗流進走廊。

大開孔的建築配合每日天氣有著不一樣的屋顏，我在晴天的地中美術館想像雨天會是什麼樣的風景。

「James Turrell / Open Sky」

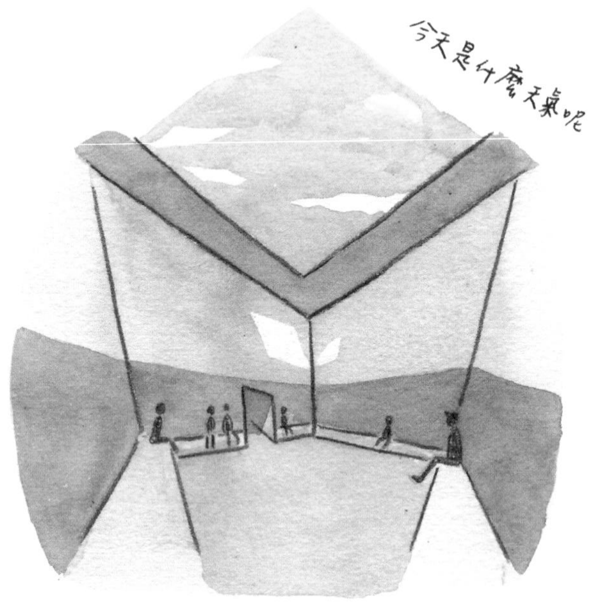

方形空間內幾個人坐著倚靠斜壁不約而同地仰望天際，我順著視線抬頭望，只看見霧茫茫的蒼白方塊，還以為天花板罩了層毛玻璃，突然間，雲朵識相地緩緩飄開，蒼白畫面頓時出現天空該有的深度，原來這是一塊大開孔，沒有任何遮罩赤裸裸地將天空端到我們眼前。

換言之，這樣的「藝術品」需在建築設計之初就規劃清楚，每個 空間都為作品量身打造，和一般設計好建築再去思索擺放哪些藝術品是 根本邏輯上的差距，仔細一看四周牆面也是設計成傾斜狀，觀者能自然地倚靠牆上俯視天際，也因應天氣變化施作排水溝槽，所有細節都配置得萬無一失，地中美術館的做法完全顛覆我過往的邏輯。

「James Turrell / Open Field」

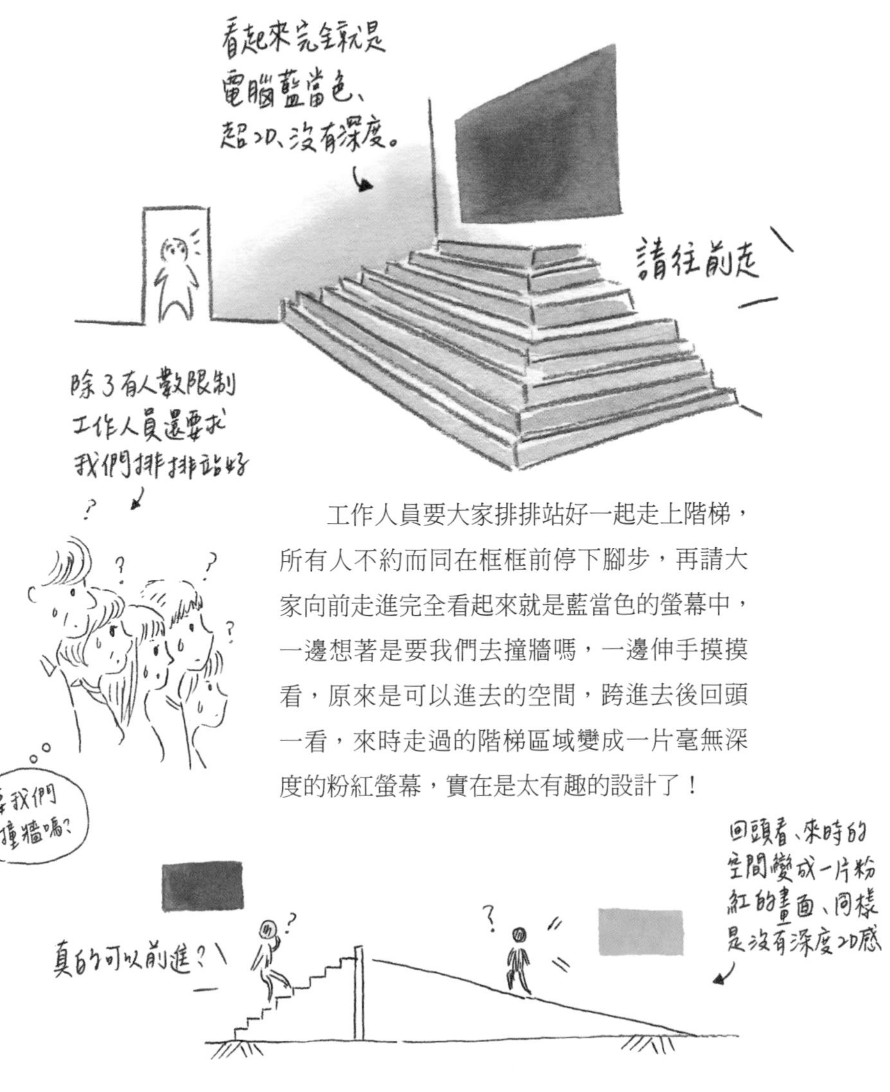
看起來完全就是
電腦藍當色、
超2D、沒有深度。
請往前走
除了有人數限制
工作人員還要求
我們排排站好
是要我們
去撞牆嗎?
真的可以前進?
回頭看、來時的
空間變成一片粉
紅的畫面、同樣
是沒有深度2D感

工作人員要大家排排站好一起走上階梯，所有人不約而同在框框前停下腳步，再請大家向前走進完全看起來就是藍當色的螢幕中，一邊想著是要我們去撞牆嗎，一邊伸手摸摸看，原來是可以進去的空間，跨進去後回頭一看，來時走過的階梯區域變成一片毫無深度的粉紅螢幕，實在是太有趣的設計了！

地中美術館十足反應建築師安藤忠雄一貫的風格，大膽採用自然光做為建築的主要光源，天好時，光線遊走在牆面的足跡令人驚喜難忘，但總沒有地方日日是好天氣，如此略帶「老天賞飯吃」類型的設計，不知該說是要訪客和天氣對賭，抑或是想表現不論天氣陰晴都該豁達接受的泰然。

下午陽光被漸厚的雲層包裹住，展區間連貫的廊道都顯得有些冷冽陰暗，因此每次走入展間我都有種「哎呀！突然天亮了啊～」的錯覺。

「Walter De Maria / Time/Timeless/No Time」

雖然主題是時間，但我卻覺得這個空間十分有宗教味，四周立起的金箔木牌既如佛像也像一柱柱焚香，中間黑色大球則如同宇宙或我們身處的世界，一旁的物體一個也不少清晰地映照在表面上，莊嚴神秘的氛圍，安靜得讓人噤聲。

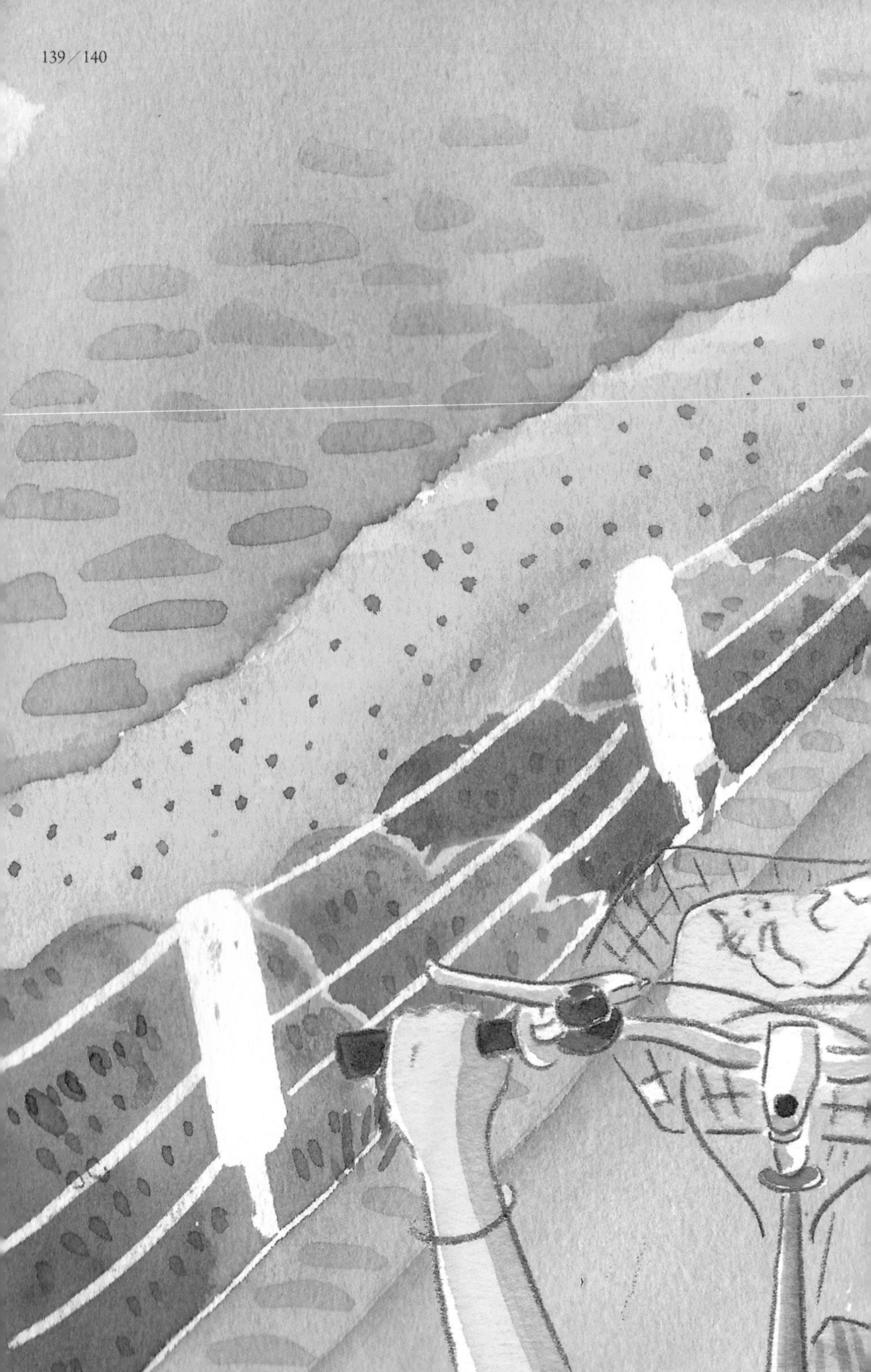

收拾好搜刮完整的美術館文宣品，走出地中海美術館繞過一個個等待接駁車的人群牽起車，遠邊的天色已逐漸由白轉橙暗下來，還好緊接著都是下坡路段了，我放開煞車不費力氣「咻咻──」一下就滑到了宮浦港。

路過藤本壯介的直島展覽館，可惜剛被地中美術館震撼得意猶未盡，看到這般小巧精緻的裝置藝術不免有些美感疲乏的倦意，趁著天色還沒完全沉下衝進去拍張照（還是要證明有到此一遊的照片），隨便吃個晚餐回民宿拉拉筋耍廢一下，真是太太太充實的一天了，此等充實程度不是其他地方可以比擬的，直島瞬間躍升我心中的 No.1。

INFO

- 香川県香川郡直島町宮之浦 2252-2
- 13:00—21:00（週一休）
- 成人 ¥650 ｜ 15 歲以下 ¥300 ｜ 3 歲以下免費
- 藝術家：大竹伸朗

直島錢湯I♥湯

自帶濾鏡美得冒泡的奇幻大澡堂

小睡片刻快八點時帶著換洗衣物踩著夾腳拖一邊哼著〈微涼的你〉，一邊手牽手散步到直島錢湯。

沿途只有港口前的青年旅館和錢湯有光。月明星稀的夜晚，錢湯華麗的外表讓人有某種進入異世界的錯覺，我總覺得直島錢湯很有電影《下妻物語》的氣氛，誇張濾鏡視角層層堆疊出的特異氛圍，和直島錢湯綜合混搭迸發的繽紛多彩不謀而合。

想想那些極簡洗鍊的美術館，再看看這花枝招展的錢湯，任何事都可落實至極致的程度，日本人還真的是相當極端的民族啊。

I♥湯的周邊
商品也是超繽紛的！

櫃臺上方的心形開孔透出微微黃光、
玻璃櫃中販售各式各樣花俏的紀念品。

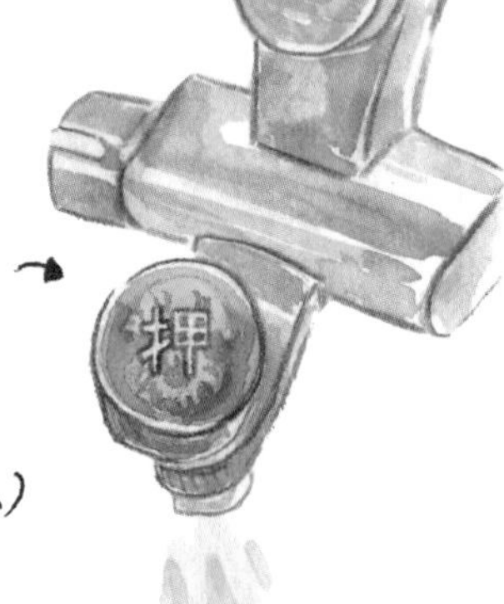

連出水按鈕上也印有各式各樣的圖像(ex.女人、老虎…)

澡堂四周的磁磚有小巧的淡藍色字、給人無限遐想的詞彙。

透明的小凳子上也有♡

話說入住民宿時、廚房剛好貼著I♥湯的海報、民宿阿伯導覽環境時特地走到海報前、喜孜孜地指著海報上的人說：「這是我唷～」滿是驕傲的自信令我印象深刻。

我想直島有趣的、就是讓居民一同投入創作之中吧！雖然作品是由藝術家所創造的、但在島民的參與下獲得靈魂與生命、於是每位居民談起直島時、都能有與家鄉共榮的喜悅。

那天被空靈的背景音樂和霧氣蒸騰得昏昏欲睡的我眼睜睜看到一位搞不清楚狀況的歐美遊客把整頭頭髮浸入溫泉中，正當我猶豫著該不該多事時，隔壁的阿嬤悠悠看了一眼露出見怪不怪的表情開口搭訕她，俐落地用英語介紹該怎麼泡湯，遊客羞赧地連聲說抱歉，而後倆人開心地聊了起來。一位是遠道而來的旅客、一位是深耕直島的居民，看著倆人在錢湯裡坦誠相見談天說地的模樣，或許藝術祭不只為島嶼帶來嶄新的生命，也讓小島的居民們脫胎換骨大膽擁抱全世界吧。

櫻花莊民宿

在直島下榻的是櫻花莊（Sakura Sou），是港口前青年旅館 Little Plum 的姐妹旅店，所以到 Little Plum 櫃檯跟店員說是入住櫻花莊就會有人來接送了，十分方便。

阿伯開車載著我們前進民宿，汽車奔馳在小徑上一路輾過的水溝蓋發出「摳嘍 —— 摳嘍 ——」的巨響，阿伯開車煞氣的霸氣模樣，真的是有種很郊外的感覺啊～

關於這間櫻花莊，訂房時我還暗自心想會不會太奢侈了，實際到現場一看卻覺得好值得啊！還附免費腳踏車可以自由使用。

這是我第一次入住日式建築，所有體驗都很新鮮，特別喜歡每個空間都有開窗的設計，初夏的微風彎過窗櫺走入屋內，室內任何地方都能感受心曠神怡的沁涼。（不過據說冬天會很冷就是了）

回想起在緣側赤腳乘風吃布丁喝啤酒，想要廢就倒在榻榻米上翻滾的回憶，真是令人懷念啊～

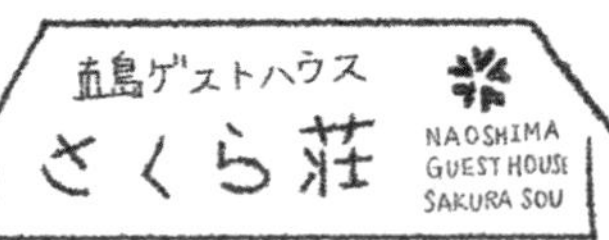

來直島就是
要騎腳踏車啊！
剛好Sakura Sou
有附腳踏車、讓
我們能不受時
限到處騎～

廚房有各種
小家電、即溶包
可以使用、很有
老家的氣氛！

滿滿古早味的浴室、
但設備其實挺新的XD

脫下鞋子踏上木地板
回家的放鬆感瞬間浮
上心頭！

洗完澡後、我們一起散步到附近的便利商店大採購、坐在緣側享受夏日夜晚的微風天南地北聊著天、閒適度過在直島的第一晚。

兩個人旅行、也很棒。

PEOPLE ON NAOSHIMA

直島の人々

文藝青年的基本裝扮莫過於無印良品風了～搭上日本男生講究的髮型，輕鬆簡單的穿出自己的特色，在走跳時輕鬆又方便，和每個場景都能拍出清新的空氣感。

古著風洋裝襯托文藝少女獨到的品味，衣物乘載珍貴的歷史與記憶，搭配日本女生無懈可擊的妝容令人印象深刻～

Elegant

WORK HARD
PLAY HARDER!
Cool
Fantastic!

染了一頭大膽的金色，搭配簡潔俐落的黑色裝扮，很有設計師的氣場！

看起來就是入住一晚要價台幣萬元以上的倍樂生之家，從飯店悠悠走到南瓜旁拍照的貴婦，雖然穿著悠閒，但全身上下的物品質感都很好～

ART IN ALLEYS

找找巷弄間的藝術品

不知道為什麼出現在民宅院子內的天鵝船，難不成家裡有湖泊嗎？一秒回想到吉祥寺。

加入手腳便瞬間活過來的瓶罐，甚至還用磚頭墊了一個舞台，有點像是沒什麼經費的只能在街頭宣導政見的候選人。

風格古典又美式的招牌，覺得底色的漸層暈得很漂亮～

哎呀，還以為是貓貓呢，
原來是藝術品啊。

「葉子～是會飛翔的翅膀～」（？

左右確認

KAGAWA Pref.

—TESHIMA—

當然要租電動腳踏車！

№ 36693
乗船領収書
高速旅客船
直島→豊島
29.5.22
運賃 620円
四国汽船㈱

豐島形狀的logo.

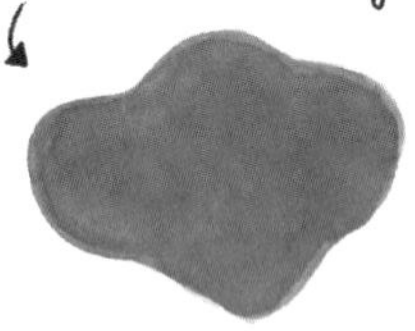

SETOUCHI
Karen

出來玩總是睡到自然醒的我們毫無懸念地選擇了接近中午的船班，搭上船看著宮浦港的紅色南瓜越來越小，心裡還真有些捨不得，下次藝術祭再見了～直島！

（結果 2019 藝術祭我在家裡寫這本書 QQ）

抵達豐島約莫十二點半，還沒靠港就看見好幾個車行大叔已經在港口蓄勢待發地攬客了。這晚要下榻在小豆島，看好離島的船班後，我們把行李寄放在港口處再走去租車（後來發現可以寄放在租車處），有了直島魔鬼上坡的前車之鑑，這次當然是立馬選擇電動腳踏車。

幫我們辦理手續的大叔、提供很多豐島旅遊資訊。

INFO

SETOUCHI Karen 租車店

- 香川県小豆郡土庄町豊島家浦 2140-9
- 8:30—17:00（Reception closes 15:30），週二休
- https://www.setouchikaren.com/

←上坡騎起來就像
在飛行一樣輕鬆
的電動腳踏車
出發前大叔會幫每組
遊客拍照、經我們
同意後才會放上FB
(終於有合照3～)

同樣是在瀨戶內海的小島，豐島和直島的街景卻很不一樣，和直島那種與世隔絕的復古懷舊風，豐島更像是日本本島隨處可見的鄉村風光，車流量也是明顯地高出許多。

曾因物產豐饒地下水旺盛而獲「豐島」美名的小島，在八零年代卻深受土壤污染之苦長達二十五年，全因一間公司在島嶼西北側傾倒有毒廢棄物，使得島上土壤寸草不生、海洋混濁不堪，島上居民也相繼間接或直接因此凋零去世。有賴島民四處奔走請願調解，直到二〇〇〇年才終於達成和解，以無污染的方式重整

豐島自然風貌，經過好多年的努力，才終於恢復成我們現在看到的美麗景緻。

由於必須趕著傍晚的船班離開，我們只有五、六個小時的時間探索豐島，相對每樣展品都要打卡蒐集的方式，我更傾向好好選幾樣相中的作品慢慢觀賞，我看著租車行大叔給的豐島地圖左思右想。

決定等參觀完豐島美術館再去思考要看什麼，然後……最重要的第一站！當然就是先填飽五臟六腑，前進島廚房囉～

是餐廳，也是藝術祭作品唷！

INFO

- 香川県小豆郡土庄町豊島唐櫃 1061
- +81 87-892-3755
- 週六、日、一 11:00—16:00
- http://www.shimakitchen.com/
- 記得先上官網確認營業日唷！
  藝術家：安部良

いらっしゃいませ！

島廚房雖然位於小巷內，看著地圖繞啊繞也是滿好找的，因為正午時分只要跟著人群走準沒錯～

店員組成除了年輕人，也有不少媽媽族歐巴桑，總覺得這個時髦的食堂多了幾分里民活動中心般的溫馨親切感。

島廚房不只是餐廳，也是瀨戶內海藝術作品之一。餐點由島民和飯店大廚共同開發，自然簡單的烹調方式保留食物的原味，將豐島上的鮮美食材忠實地呈現在料理上，飯後再來一杯檸檬手工冰淇淋，炎炎夏日裡清涼又爽口～

由安部良建築師操刀的島廚房，採用開放式餐廳的設計，半環形吧檯可以清楚看見廚房內，再裡面一點則是令我魂牽夢縈的緣側座位。（可惜實在太搶手了還需要排隊，只好忍痛放棄）

レモンジェラート

小島風格的魚料理～

01

02

03

室外大屋頂下方的半戶外空間不定期會有音樂會、舞蹈、講座等活動，除了將這座島嶼推廣出去，由島民們共同努力一件事也更凝聚大家的向心力。

01 ／ 和大自然相佐的戶外區域
02 ／ 很有夏天的氣氛呀～
03 ／ 室內區～很舒服的空間，看得出每個角落都用心設計過！
04 ／ 可以用一旁的小圖釘標示自己來自哪個國家～

最佳攝影點！

在快到豊島美術館前的小坡上，可以看見一大片蔚藍的瀨戶內海，左邊不遠處山頭上是一階階的棚田，而右前方即是豊島美術館的入口。這麼漂亮清透的風景簡直就像，寶礦力水得那類透明係廣告才有的場景啊。

豐島美術館

沒有美術品的美術館

豊島美術館
TESHIMA ART MUSEUM

17. 5. 22

A 79068

設計得超極簡的門票。

我們把水和包包都寄放在售票處，輕裝走在指示路線上，邊走邊覺得「真是奇怪的美術，怎麼都是小山丘呢？」，越走越覺得該不會是迷路了吧（明明也只有一條路），但還是揣著疑惑的心情繼續往下走。

繞過明神山便看到工作人員在門口指示著大家進入Art Space（主館）的注意事項。一如地中美術館的工作人員，通常都是無印風，而且都有股如忍者般平時消聲匿跡必要時刻才發現常伴左右的氣質。

他示意我們拖鞋入內並切記保持安靜，我們小心翼翼地走進室內，率先吸引目光的當然是在弧形天花板那兩個巨大的圓形開孔。

INFO

香川県小豆郡土庄町豊島唐櫃 607　+81 879-68-3555
10:00—17:00（週二休）
http://benesse-artsite.jp/en/art/teshima-artmuseum.html
成人 ¥1570｜15 歲以下免費　藝術家：內藤禮｜建築師：西澤立衛

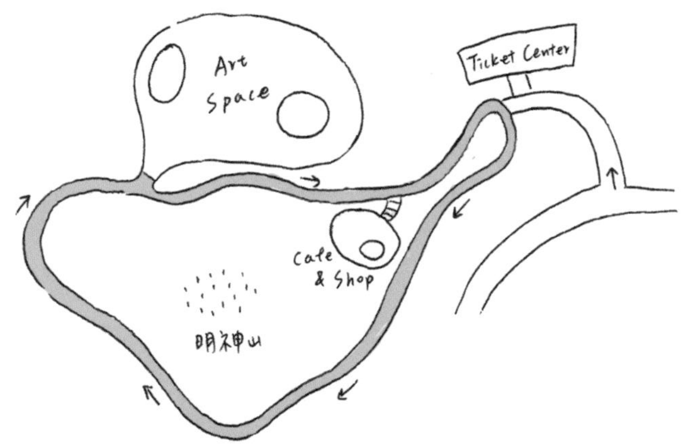

蛋形屋頂下人們或坐或躺各自以最自在的姿勢融入建築中。我們晃了一圈，躺在隨開口導入室內的光圈旁，在建築的白色遮罩下，隨風搖曳的樹叢和清澈蔚藍的天空彷彿都有了不同的靈魂，想來還真是不可思議，明明剛剛可以在外頭看到飽的風景，一被建築物框圈起來竟能給人如此不同凡響的感受。

地面上一顆顆晶瑩剔透的小水珠緩緩交纏、匯聚、滑進光圈中心，在陽光照射下一閃一閃地發著光。

閉上雙眼感受初夏微風的輕拂，內心感到前所未有的平靜。

星際感十足的豐島美術館

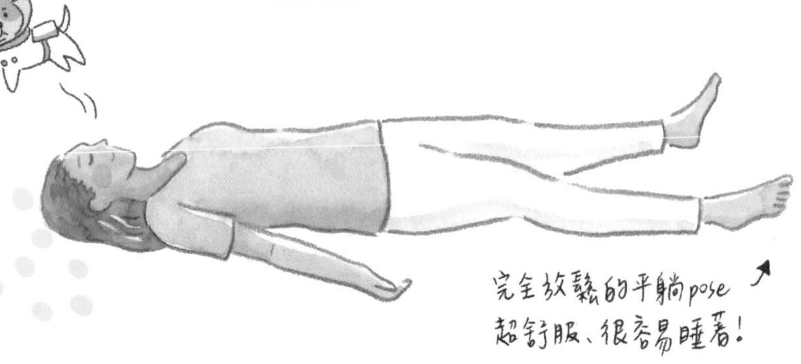

什麼？豐島美術館這樣就結束了嗎？

對，沒錯，除了最後一間滿足大家攝影慾望的咖啡廳禮品店就結束了。但跟擺放一堆可能根本很難打中人心的展品的美術館相比，我倒覺得豐島美術館更值得親自去感受一下，幾近「無」的空間反倒讓每個人都衍伸出自己感受美術館的方式（與各種姿勢），用身體好好體會美術館裡風場的流動、大自然的呼吸和自己的脈搏，是看再多照片都無法感同身受的激盪。

指著圓形開孔外的
風景、被光線照射
聚焦的一刻、好像在
演E.T. XDD

　　不論室內或外觀都很像飛碟的豐島美術館，室內也是有種科技感，順著星際主題聯想下去總覺得很有趣 XD

=3
神秘儀式
沒有人敢走進光圈內、團團圍坐
超像進行神秘儀式XD
感受微風輕拂的人們
(基本款pose)

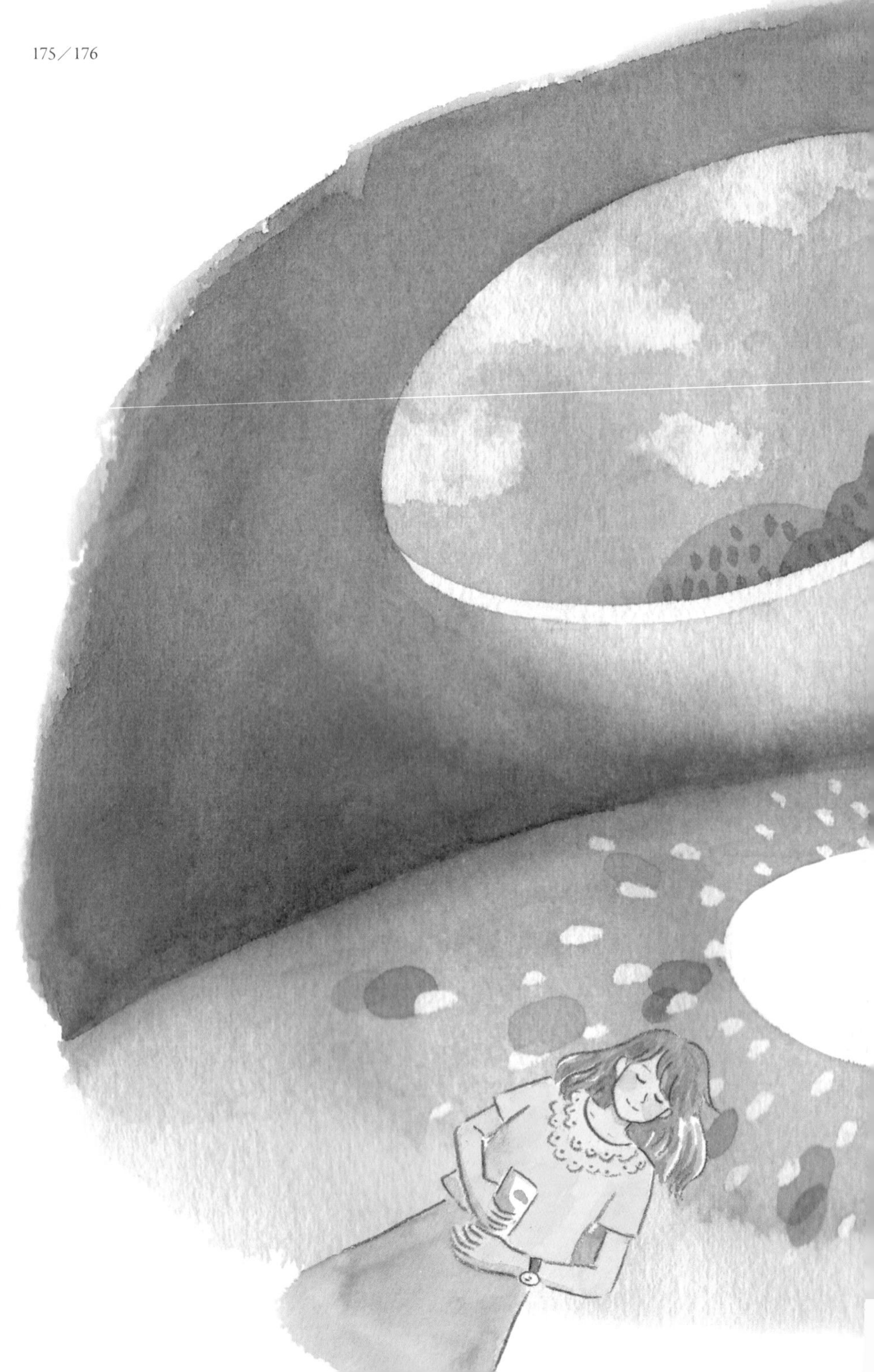

自然即是藝術

雖然 Art Space 內禁止攝影，但建築概念基本上相同的咖啡廳倒是可以到處拍拍，其中還混入草間彌生的周邊商品跨領域過來豐島搶生意，真是太受歡迎了吧～

從直島到豐島，不得不佩服日本人徹底貫徹「極簡」和「Less is more」的精神。好幾個展示空間的闡明了「空間即是藝術」，於此前提下，空間內必然不會擺放任何破壞協調的物品，乾乾淨淨充滿禪意，沒有任何多餘的東西，連工作人員也是盡可能消弭存在感地從旁指示而已。

而豐島美術館更是將藝術從人為的藝術空間帶向自然，建築師西澤立衛建造了一個環境，讓沿途經過的「自然」在建築的烘托下更富有意義，讓人更投入欣賞這些一直以來島上既有的「藝術」。

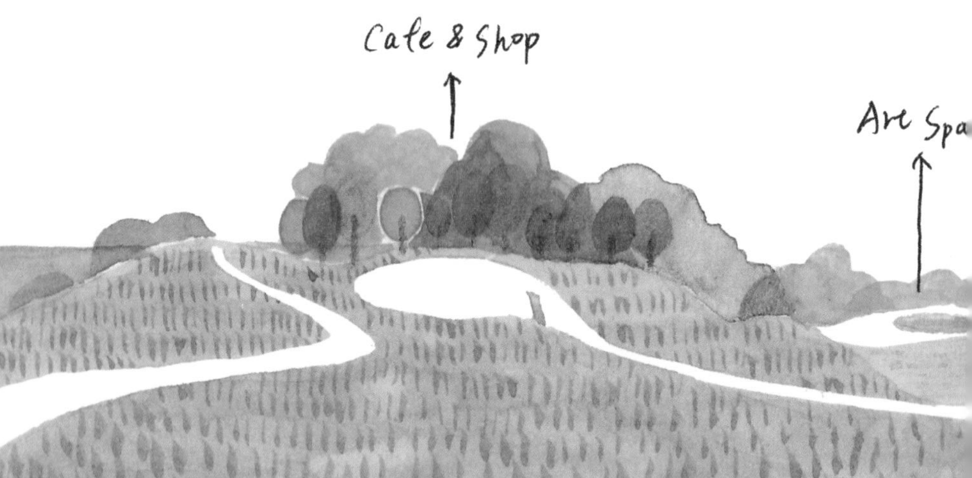

▼ 咖啡廳室設計簡約，流線型的傢俱也適合呢！

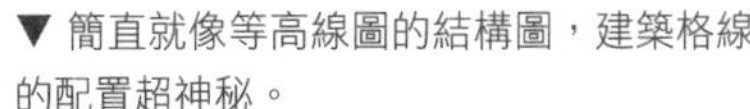

▼ 簡直就像等高線圖的結構圖，建築格線的配置超神秘。

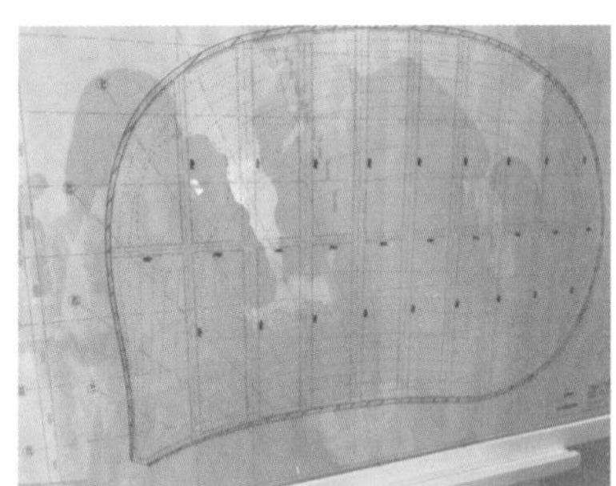

▲ 有時間的話喝杯咖啡再走也很愜意呢～

豐島美術館是怎麼蓋出來的呢？

參考資料／日本混凝土學會
http://www.jci-net.or.jp/

薄殼結構
基礎版
基礎結構

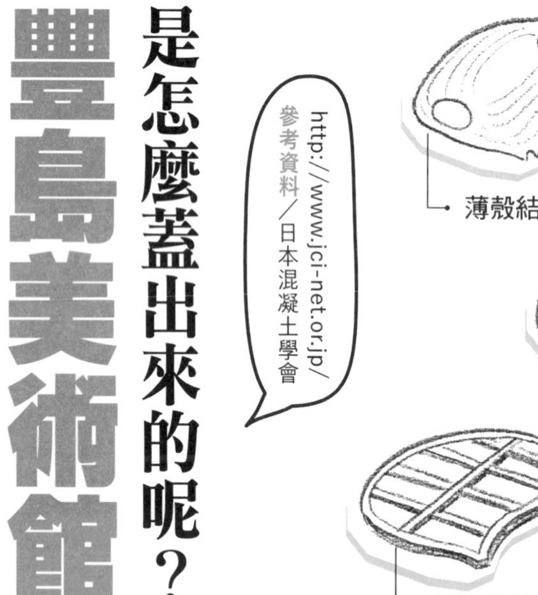

01
基礎結構與
基礎版
02
塑形
以土壤作為薄殼結
構模板
03
表面處理
噴上砂漿與剝離劑，
並確保表面光滑。
04
鋼筋組立
05
灌漿
06
移除內部土方
Done!

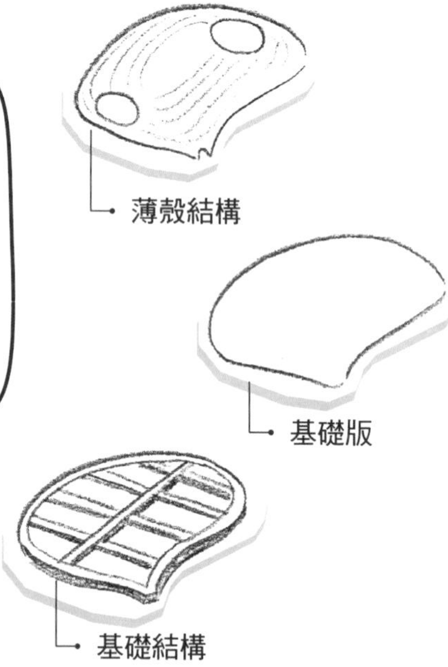

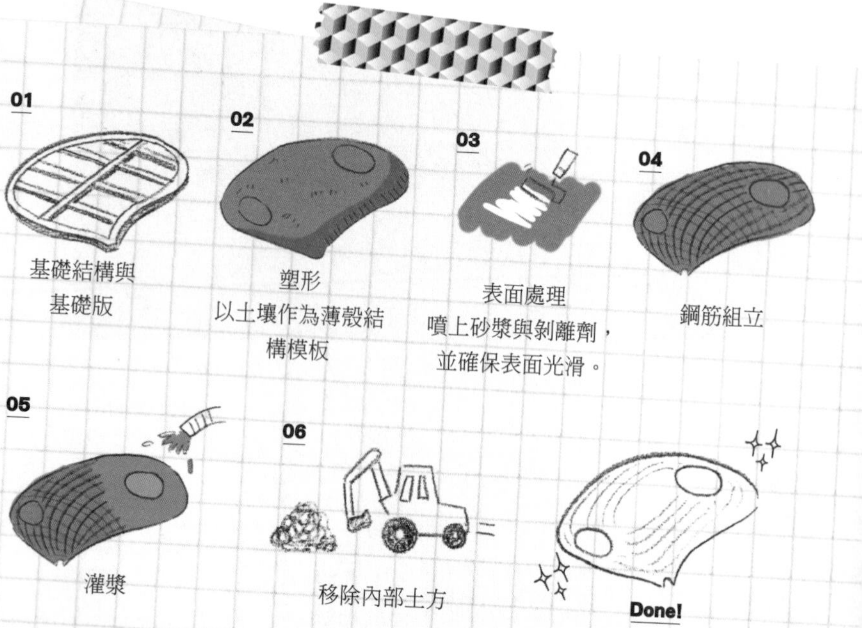

美術館猶如趴伏地表的巨大水滴，光滑圓弧到幾近可以反射天空的色澤，究竟這樣不規則的建築是怎麼建造出來的呢？

豐島美術館結構部分由大師佐佐木睦朗操刀，採用薄殼結構簡潔有力地將結構融合建築中，這片空間不見一絲結構殘影，俐落營造一塊空靈的場域。工法方面也很不同，以土堆充作模板便於塑形磨平，整體施作前再三試誤實驗確保正式施工的品質，歷經不少人的努力，才使得最終結果宛若渾然天成般乾淨純粹。

要讓紙上建築落實於地，除了建築師的創意與設計，各種專業顧問的參與和施工團隊的配合也是缺一不可的，有賴日本職人從上到下追求極致完美的精神，我們才能看見這麼美麗的「藝術品」。

心臟音資料館

喔～這片海未免也太多情～噗通到天明～

心臟音位於唐櫃港附近，跟著指標騎車前往，越走越靜僻，和路過的島民確認後，我們才敢大膽往林間小路挺進，穿過山叢映入眼簾的是一片沙灘和傍山搭設的深褐色建築。專業俐落的室內陳設和身著白袍的服務人員，讓人差點以為到了牙醫診所，唯一違和的，是窗外一片海聲陣陣的美景。

我們跟隨工作人員的指示進到暗房，門關上後，光線配合「撲通－撲通－」的心跳聲忽明忽暗，巨響自四面八方聲聲襲來，巨大的心跳使得聽者就像被包裹在母體內，震撼卻使人不自覺地感到安穩放心。

藝術家 Christian Boltanski 自 2008 年起收集來自世界各地的心跳聲，若想將心跳留存在心臟音資料館，可以再花 1570 日圓記錄下自己的心跳聲唷！若朋友來豐島玩，就可以請他聽聽自己的心跳了，想想還真是滿浪漫的呀～

INFO

香川県小豆郡土庄町豊島唐櫃 2801-1　+81 879-68-3555
10:00—17:00（週二休）　成人 ¥520 ｜ 15 歲以下免費
http://benesse-artsite.jp/en/art/boltanski.html
藝術家：Christian Boltanski

家浦港觀察日記

一群老外到3售票口
才被告知沒有回直島的船
（直島週一休島）有點可憐…

設計得
很微妙的風箏。

可回答旅遊資訊
的機器人pepeer

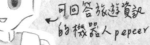

來自中國的情侶
偷〃看到他們行李
箱內都是建築原
文書、太認真3！

動物の遺棄・虐待は
犯罪です。

很有警示作用的
海報XD

太怕錯過最後一班前往小豆島的船班，便早早還車回家浦港候船室了，還好港口也擺了不少有趣的東西，能沒事找事做地打發一下時間。

SHODOSHIMA

KAGAWA Pref.

小豆島

しょうどしま

— Shodoshima —

小豆島是真人電影版《魔女宅急便》的取景地，當我問道：「明天要去騎掃把拍照嗎？」時，轉頭卻發現孟政哥原本黝黑的臉變得一臉蒼白。

這天晚上他泡完溫泉後就不太對勁，陸陸續續跑了好幾趟廁所，整個人虛弱癱軟的像是被雨水泡爛的蚯蚓，實在是說有 多可憐就有點可憐，反倒平常在台灣總是頭痛肚子痛肩膀痛腰痛，天天有個地方會喊疼的我，出門旅遊這些痛痛通通自然而然識趣地消失了，但我還是準備不少常用藥隨身攜帶。

先給他吃點腸胃藥應急，並查了距離最近的診所記下，這天我們早早就睡了，期待明天能一切安好。

おはようございます！

隔天一早就被阿姨敲門叫醒，一邊嘀咕哪裡來的起床服務，一邊開門說聲「歐嗨唷～」就關門回去繼續睡了，沒想到阿姨又來敲門，完全無法理解大清早的到底想做什麼，比手畫腳了一陣子才知道原來是要我們去吃早餐啊

一大早跑來叫我們起床吃早餐、
一開始還搞不清狀況、道了聲
「早安！」就回去睡、有夠羞恥XD

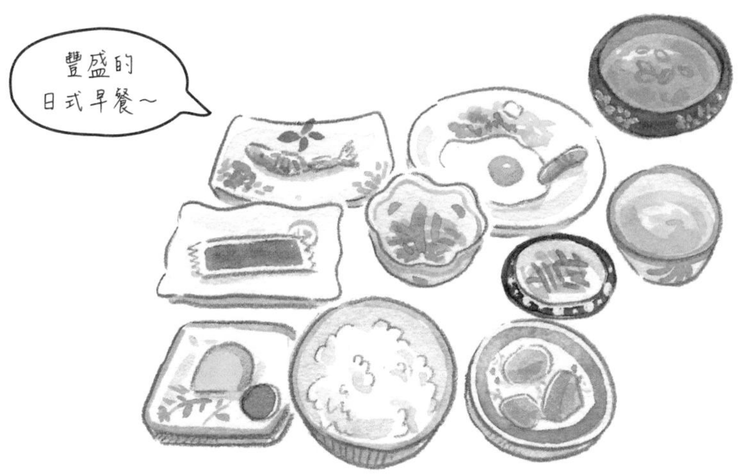

睡了一晚孟政哥精神狀況明顯好多了，但胃口仍然不好，面對一桌豐富日式早點只能默默看著我大開朵頤。

Sorry!
No Car
Sorry!
No Car
OK!
最後是在大飯店
租到車（第一次得
知飯店可以租車OO）

臨時起意的自駕遊

用完早餐回去休息到中午，我們這天沒有計畫任何行程。翻翻旅遊簡介，小豆島的面積比直島豐島還要大，想要騎腳踏車環島不是不可能，只是在有一個傷兵的情況下，這麼做實在太不明智了，於是臨時決定自駕探索小豆島。

本想仗著淡季臨時起意租車，沒想到四處碰壁（街上有夠冷清的，到底其他遊客都去哪了？），接連被好幾間租車公司拒絕，好在最後一間租車行的天使大叔好心推薦我們到隔壁的大飯店問問看，雖然能選擇的車款不多，但已經讓我心滿意足了。

剛開始也不意外的
經歷了兩刷當方向燈
打的右駕陣痛期 XD

在日本自駕需要哪些證件？

- 台灣駕照正本
- 台灣駕照日文譯本
- 護照

日文譯本駕照非國際駕照唷～只要去監理站申請，當天申請就能馬上拿到，相當便利！

我這趟旅程最後計劃到沖繩自駕遊，在台灣便申請了日文譯本駕照，沒想到會在小豆島先派上用場，剛好藉機當作沖繩行前的右駕暖身。

中武商店 Nakabu 庵

沾麵初體驗！

INFO

- 香川県小豆郡小豆島町安田甲 1385 番地
- +81 879-82-3669
- 10:00—14:00（週三、四休）
- https://shodoshima-nakabuan.co.jp/

なかぶ庵靠近草壁港，位在一條小徑彎上坡的轉角，是個有點難找的位置，但即使如此，なかぶ庵在淡季時節仍是炙手可熱的夯店。

なかぶ庵類似採觀光工廠的形式，結合餐廳、商品與體驗，除了可以享用素麵餐點，也能購買伴手禮，更能體驗麵條的製作過程。如果攜家帶眷來訪的話，長輩可以買得開心，小孩也能玩得滿足，有得吃也有得體驗，實在是滿雙贏的選擇。

小豆島的醬油
名不虛傳、回甘
回甘溫潤的口味
一試就愛上
口感饒富彈性
的素麵！

這是我第一次品嚐沾麵，鹹甜恰到好處的醬油配上Q彈口感的麵條，冰鎮清爽，瞬間有股在炎炎夏日猛然跳進泳池的爽快感，夏日難以言喻的煩躁鬱熱轉眼被澆熄撫平了，還來不及感嘆沒配料的空虛感，「咻一咻一」幾口沒兩三下就吃完了。

過去看日本人大口大口津津有味地吃著沾麵都覺得很疑惑。

「看起來不太好吃啊……」

原因是沾麵僅止沾醬沒有任何配料，勉為其難稱之配菜的只有蔥花跟蒜末，所以我對沾麵的印象就是，極簡到甚至可說是單調悲涼的品項。

對我這種內建貪小便宜性格的人來說，在「質」未知的情況下，通常會先選擇看得見的「量」，尤其出來玩餐餐都是重要的選擇，配料種類多樣化的餐點更能分散踩雷的風險，所以即便看過那麼多次日本人大啖沾麵的幸福模樣，還是沒有勾起我品嚐的興致。

然而這趟旅程出發前，同事特地向我大力推薦なかぶ庵素面，意猶未竟的好似恨不得跟我來一趟。實際品嚐過確實難忘那 Q 彈冰滑的口感和恰到好處的滋味，難耐的高溫夏日更是襯托出難得清爽的美味，與其加入一堆無關緊要的配料，還不如好好用心將自身的優勢發揮到極致，簡單樸素，卻每一口都吃得精緻。

筷子分麵
體驗

なかぶ庵不只可以用餐，也可以體驗麵條製作過程，
親自感受日本傳統飲食文化。（需要預約呦～）

森國酒造

小島上的時髦酒館

INFO

- 香川県小豆郡小豆島町馬木甲 1010 番地 1
- +81 879-61-2077
- 11:00—17:00（週四休）
- https://www.morikuni.jp/

迎著門前薰衣草花香走進老屋內，印入眼簾的是裝潢都會風十足的吧台，古樸的深木色家具搭配高腳椅，盡是沈穩的大人味，吧台高起處鑲嵌著一盞盞橙黃色小燈，在昏暗中猶如一排排蠟燭搖曳閃爍，溫暖又時髦，一瞬間差點以為誤開任意門跑到中目黑咖啡廳街，沒想到這樣的鄉村間還有這麼おしゃれ（時尚）的地方。

森國酒造建築過去是擁有七十年歷史的佃煮工廠，翻新改造得復古不失特色，每個角落都能看出老屋前身的模樣，新舊文化交融得恰到好處，一如森國酒造採用小豆島的好水好米作為原料釀造日本酒，立基原有的傳統底蘊釀造嶄新的風格。

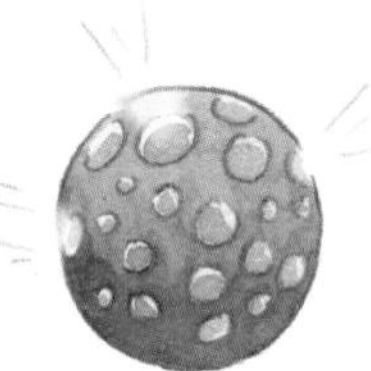

森國酒造漂亮的吧檯

▶ 潮潮的簡約風門簾讓復古的老屋也跟著時尚起來！

小豆
奶茶

味道很特別的奶茶，小小的湯
上可愛的木盤，質感瞬間 up u

最佳伴手禮！

很有誠意的包裝，買回去送禮超有面子的！（也很有重量

▶ 很多商品可以購買。好喜歡木造建築中原木大樑未經修飾的質感

▲ 擺了各式各樣的清酒，包裝都好誘人啊

◀ 二樓往下看的視角

每個角落都有獨特的魅力！

不論坐到哪個位置都很好拍！漂亮的地方連人拍起來都好看！輕輕鬆鬆拍出美照～

清酒冰淇淋

沒什麼酒味，很清爽的口感，搭配一旁的蛋糕恰到好處

森國烘焙坊

以酒粕發酵的麵包是什麼味道呢？

INFO

- 香川県小豆郡小豆島町馬木甲 1010 番地 1
- +81 879-62-9737
- 09:00—18:00（週三、四休）
- https://www.morikuni.jp/

離開森國酒造，往前走幾步就是森國烘焙坊，建築猛然一看如同山間臨時休憩的工寮般粗獷不拘，鏽痕斑駁牆面留下雨淋日曬的印跡，殘留剛剛好的古舊使它陳釀得更帶記憶點。

森國烘焙坊的特色是以酒粕發酵麵團烘焙的麵包店，採用當地原料製作的麵包，滿滿的小豆島風味（到底是什麼味道？！）一次滿足。但我到麵包店時實在是太飽了，只能在店裡東張西望就走了，下次再來品嚐看看傳說中的酒粕麵包吧～

01 ／ 森國烘焙坊粗曠的外觀超有特色！
02 ／ 麵包店裝潢走鄉村簡單路線。很難得看到烘培坊擺放這麼大面積的桌子呢～

駕駛技術大考驗！

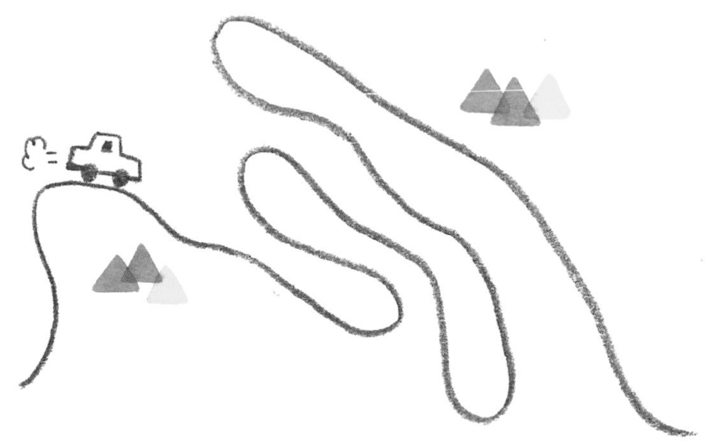

小豆島正旺季是楓紅的秋天，初夏時節冷冷清清的，街上人車都不多，但這份清幽反倒給我十分寬裕的時間好好練習顛倒的開車手勢。

出發前心心念念擔憂一不小心會逆向行駛，結果實際駕車才發現要恍神到開去對向也不是這麼簡單的事，真正難克服的，是方向燈雨刷傻傻分不清楚。

剛開始每到路口我習慣性地左手一揮打下方向燈，隨之響起的不是熟悉的噠噠聲，而是雨刷「刷～」地升起，和對面司機你看我我看面面相覷的對峙，總讓我尷尬得恨不得找個洞窟鑽進去。

好在沒過多久身體就習慣了，

下一個挑戰是，完全意料之外的，小豆島的山道。

在山間行駛一路風光明媚，偶爾還會有小猴子竄出打招呼，增添不少旅途樂趣，我囂張地想「右駕也沒什麼嘛～」，一路哼著歌向前，嘻嘻哈哈笑道這是這麼多次旅行來最輕鬆愜意的一次，然而彎過某個轉角，突然間，出現一連串的髮夾彎，全身上下不自覺地跟著緊繃起來，只能戰戰兢兢地龜速前進。

事後在 Google map 上看到這不太科學的彎道，總覺得自己的駕駛技術又更上一層樓了。

有時會看見
在路旁東張
西望的猴子、
隔著車窗看
超可愛！

5點多抵達銚子溪自然動物園、毫無懸念人家已經關門了、我們在外東張西望時、突然出現一名手抱小小猴子的阿姨。

「動物園已經關門囉！」她說（當然是腦補的、我是完全聽不她在說什麼的XD）接著她翻開懷裡裹著布包、小小一張臉探出頭來、睡眼惺忪地吐著舌頭，超級可愛療癒！

就算沒有進到動物園、也算圓滿了～

動物園前商店都關了、
剩下一隻被拴住的狗、
感覺會被猴子欺負
お猿の国
さる くに
動物園外側一排
商店上貼著海報、
猴子畫得好有張力
很生動！好想要
這插畫的票根

寒霞溪纜車

每個季節都美得不可思議的溪谷山景

寒霞溪是 1300 萬年前的火山活動形成的溪谷，也是日本三大溪谷之一，隨著季節變化有著不同的美景，最富盛名的就是「楓」情萬種的秋季時分，溪谷被染成五顏六色的面容，各種秋日色票都能在此一次滿足。

我們和一群很像從義大利來的長輩團搭上最末班纜車，車體結構滿新的，不過某側的玻璃居然有被鳥撞擊後留下的蜘蛛網狀裂痕。

每每搭纜車都會一邊覺得腳底癢癢的，一邊驚嘆自然的遼闊浩大，義大利長輩們也是頻頻發出不可思議的驚呼聲，不時在車廂內走來走去四處查看，大聲討論東討論西的，整座車廂充斥著熱切的笑聲與交談聲，自由自在毫不拘束的模樣，熱鬧得讓我有種回到台灣的錯覺，不由得對他們投射了幾分親切感。

INFO

- 香川県小豆郡小豆島町寒霞溪
- 3/21～10/20、12/1～12/20　08：30—17：30
  10/21～11/30　08：00—17：00
  12/21～3/20　08：30—16：30
- http://www.kankakei.co.jp/index.html
- 單程：成人 ¥1050 ｜兒童 ¥530
  往返：成人 ¥1890 ｜兒童 ¥950

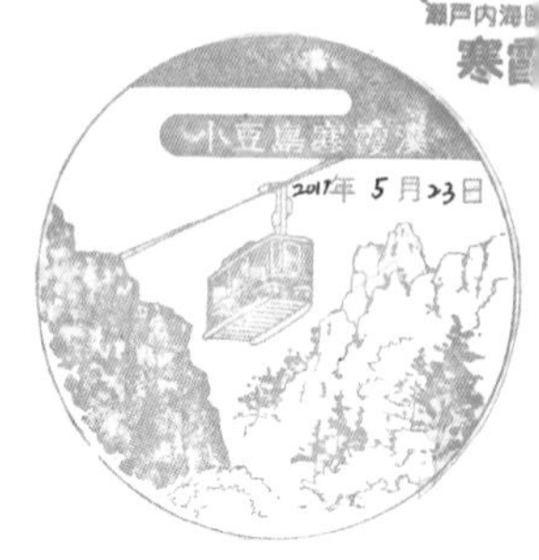

▲ 寒霞溪纜車月台，到處都有注意猴子的標示。

▲ 淡季綠綠的山景。秋天一定別有一番味道吧！

戀人聖地～天使之路

一天兩回～實現願望的天使散步道！

天使之路是一條僅在退潮時間出現的沙灘小徑，小徑現身時可以自弁天島走向對岸的中余島、小余島和大余島，據說和戀人一同攜手通過天使之路，願望就能實現。

晚飯後，酒不足飯不飽後的我們（嗚嗚當然沒有酒足飯飽，我們可是司機和病人的組合啊）走到天使的步道看看，想當然爾，抵達時太陽已經沈進對面小島，紫色天邊殘存微弱餘光拖著尾巴，而天使之路早已沒入海中消失無蹤。

雖然無法踏上對岸的小島，但好在我們都不是會執著「必去什麼景點」的類型，輕鬆自在的步調回憶起來都是開心的點滴，最後在沙灘上拍拍照自得其樂了好一陣子。

身體好了
的仁兄
莫名擺了基紐
特戰隊的pose
(一人的基紐
特戰隊)

崔正化／太陽的贈禮

韓國藝術家和島上的小學生合作的
作品，以葉片環成橄欖枝王冠，
每片葉子上都有小朋友的訊息唷！

INFO

小豆島土庄港
戶外展示品，全年無休。

橄欖醬オリーブしまちゃん

超可愛的小豆島吉祥物，
周邊商品都超欠買的！

清水久和／橄欖飛機頭

設計詼諧的橄欖狀貓王，
不知道為什麼開孔處總被放置橘子，
難道是拜土地公的概念嗎？XD

INFO

小豆島草壁港橄欖園
09:30—17:00

前一天食慾不振
的男友、自己裝飯
卻拿成茶碗(囧)

第二天早晨我們有備而來，還沒等人敲門就起床了，入座後阿姨又離開去拿東西，餓了一天的孟政哥迫不及待開始盛飯，殊不知拿的可是茶杯啊。

大的跟碗不相上下的茶杯。

回來看見這一幕的阿姨立刻爆出如雷的爽朗笑聲，好難得看見溫溫的日本人情緒起伏這麼大，我們也不禁跟著笑起來。

瞬間清醒了這一早。

以上。往下個島出發～

民宿房間外貼有我的名字片假名，連吃早餐的房間外也有「ポイングチェン御食室」唷～

KAGAWA Pref.

男木島 おぎじま

—Ogijima—

OGIJIMA

公樂食堂

自己的早餐自己搭～高松市物美價廉的日式早餐

離開小豆島，我們選擇高松港附近的青年旅館作為據點探索男木島和女木島，在瀨戶內海的小島上停泊了五天，如今進城看到車水馬龍的高松還真有恍若隔世的錯覺。

港口附近的公樂食堂，是高松吃早餐的好去處。公樂食堂像是老家巷口總在準點開設的老餐館，乾淨整齊、樸實簡單，完全是解決日常餐食的最佳選擇。

INFO

- 香川県高松市西之丸町 2-24
- +81 87-821-8350
- 07：30—15：30（週六、日休）

除了自助式搭配早餐、也有販售
早餐set唷！用豐盛的日式料理
開啟一天超幸福的～

除了物美價廉的定食套餐，還可以自由選配架上的餐點，一目瞭然的標價令人放心，不諳日文也能輕鬆點餐。上班時間，我們和學生、上班族一起在小小的食堂吃早餐，熱熱鬧鬧開啟一天的旅程。

男木島之魂

千言萬語化作一葉屋頂，自成一格的旅客中心

男木島的民宅是沿著山坡搭建的，一眼望去有著山城獨特的魅力，高高低低的平台間連起的是一道道階梯，灰灰的天空飄著微微細雨，好像九份啊這個島。

INFO

- 男木島中心地區
- 06:30—17:00
- 藝術家：Jaume Plensa

不等到船隻靠港，站在甲板就能看見造型特殊的男木島旅客中心，花窗般的屋頂是由世界各國的語言字母簍空製成，陽光點亮室內的同時，也在地上寫下千言萬語，匯聚成獨特的樹影。

隨著光線變化，有股置身海底的錯覺，粼粼波光打在身上，晶透卻不刺眼，把人曬得和貓一樣舒坦慵懶，暖洋洋地，不知不覺發呆恍惚一下午。

01 ／ 旅客中心有一個佈告板，寫明今日島上的餐廳是否營業。滿滿的「本日休息」，我們來的可真不是時候……

02 ／ 屋頂的語言圖騰像是漂浮在空中，在蔚藍的背景下更顯透亮

步行方舟

「嘿咻—嘿咻—」齊步往福島捎去祝福吧！

INFO

男木島漁港周圍

藝術家：山口啟介

總覺得步行方舟
很像雨傘妖怪XD
初次見面還下著微微
細雨、看起來super
詭異

步行方舟靈感來源是舊約聖經的諾亞方舟，四座山（人家才不是香菇咧！）頭紛紛長出腳來，帶著集氣賑災的祈福心意邁開步伐前進福島磐城。

稍微遠離聚落的步行方舟，和天際大海交融成一幅超脫現實的場景，和景色搭配的，是源源不絕的貓星人。

不知道什麼特殊魅力，這一帶堪稱是男木島貓密度最高的地方也不為過吧，若是在巷弄間找不到貓的身影，不妨在步行方舟附近找找，應該能享受「眾喵拱人」的的療癒感。

路地壁畫企畫 wallalley

下個轉彎會是什麼景色呢？

「wallalley」意為結合「wall（牆壁）」和「alley（巷道）」，是採用島上收集的廢材漆上明亮的顏色裝置於民宅外的藝術品，簡單樸實卻饒富樂趣。在巷弄間尋寶摸索時，往往轉個彎便能撞見這般五彩繽紛的驚喜。

雖然作品落實生活環境的做法十分有趣，但藝術與民居的曖昧界線也帶來些許困擾，尤其島上建築傍山而建，樓梯眾多，一不小心便可能侵門踏戶誤闖私領域，所以不時會看見「請勿打擾」或「立入禁止」的告示牌，總覺得藝術祭帶來的觀光衝擊，對習慣安靜生活的島民而言，或許也是喜憂參半吧。

穿梭男木島的巷道樓梯間，不時會看見「禁止進入」的告示。

INFO
男木島中心地區
藝術家：真壁陸二

男木島圖書館

書香氣、熱奶茶、咖哩飯，
和雨天的讀書會

INFO

- 香川県高松市男木町 148-1
- 11:00 – 15:00（週二、三、四休）
- https://ogijima-library.or.jp/

茶香濃郁的奶茶、喝一口就讓人全身暖和起來，在下著雨的微涼日子裡 更是特別好喝！

頭一次在圖書館裡吃東西（還是咖哩飯XD）、感覺挺新鮮的！

平日的男木島街巷人煙稀少，連島貓的身影都透著一股冰清水冷的氣息，我們在溼涼涼的雨中踩上踩下四處覓食，每每發現餐廳就是空歡喜一場，不是「本日休息」就是「需要預約」，於是發現男木島圖書館有營業時都要喜極而泣了。

脫掉濕漉漉的鞋子走進室內，傢俱和地板在雨天被暈出柔和好聞的木香，香氣中還揉和著圖書館特有的味道，印著窗外滴答答的雨聲，房裡幾盞黃澄澄的小燈點亮屋內，滿櫃子的書本環繞四周，我知道我一本都看不懂，但成堆的書仍讓人心裡感覺很踏實，茶香讀書聲相伴，平靜而溫暖。

這天的男木島圖書館有場讀書會，我看見和我們搭乘同一班船的男子也在這，由於他粗獷不羈的落腮鬍加上誇張大的背包，且一上船就在角落躺下的豪邁，讓我不禁多看了他幾眼，沒想到他居然是來這裡參加讀書會的。 讀書會主題似乎在談論中國、台灣與日本文學，一直聽到關鍵字卻又聽不懂內文好痛苦，還是專心喝我的奶茶吧！

不過……特地搭船來參與男木島讀書會真是太勤勞，又太浪漫了吧。

INFO
插畫家 Obika Kazumi
http://obika-kazumi.com/

男木島圖書館設有很有情調的展覽空間，走的是小而巧路線，幸運認識了日本插畫家 Obika Kazumi，簡單溫潤的畫風一如男木島給人的印象，幾乎一眼瞬間就愛上他的畫了！

在貓島竟然是被…萌到

一抵達傳說中的貓島，朝我們飛奔而來的不是貓群，

而是一隻馬爾濟斯 mix 博美的小小狗。

「啪～啪～」地自左側民宅奔向我們面前，可愛到一舉一動都自帶音效的小狗，途中為了閃避水溝，短短腳縱身「ㄉㄨㄞ」一躍，連向來在我被路邊動物吸住不走時，對我投以白眼的夢正哥都不禁發出少女的驚嘆聲了，原來這就是戀愛的心情啊。

因為提著袋子而被貓群
鎖定的孟政哥、似乎感受到
生命受到威脅、照片裡總是
一臉窘迫 XD
各式各樣的
貓貓
芝麻糊口味貓
草間彌生點點貓
霸氣外露王者貓
原本還沒看到幾隻貓、
突然一隻橘貓登場
登高一呼後、湧出
好多貓 XD
(貓貓軍團??)
文靜乖巧書生貓
懶得畫了Q版貓

還沒下船就看見一隻貓迫不及待地在岸邊殷殷等待，靠港後，一名年輕船員走下來，原本耳開飛機一臉防衛心極重的橘貓，箭步跳到他身旁撒嬌，船員則打開早已備妥的罐罐寵溺地看著津津有味的小貓。

多數貓貓都集中在步行方舟附近，有很多小箱子、船、腳踏車等物品可以供他們躲藏，必要時再出來打劫遊客（？

真是沒辦法～
給你拍張背影照吧！

拍夠了吧！
奴才！吃的拿來！！

什麼？沒吃的嗎？
那我要走囉！
我都烙小弟來了耶！
確定真的沒有嗎？

可惡，
沒吃的還來做什麼嘛！
村上商店
963
放過你啦！
下次要記得帶
罐罐來唷～～

MEGIJIM

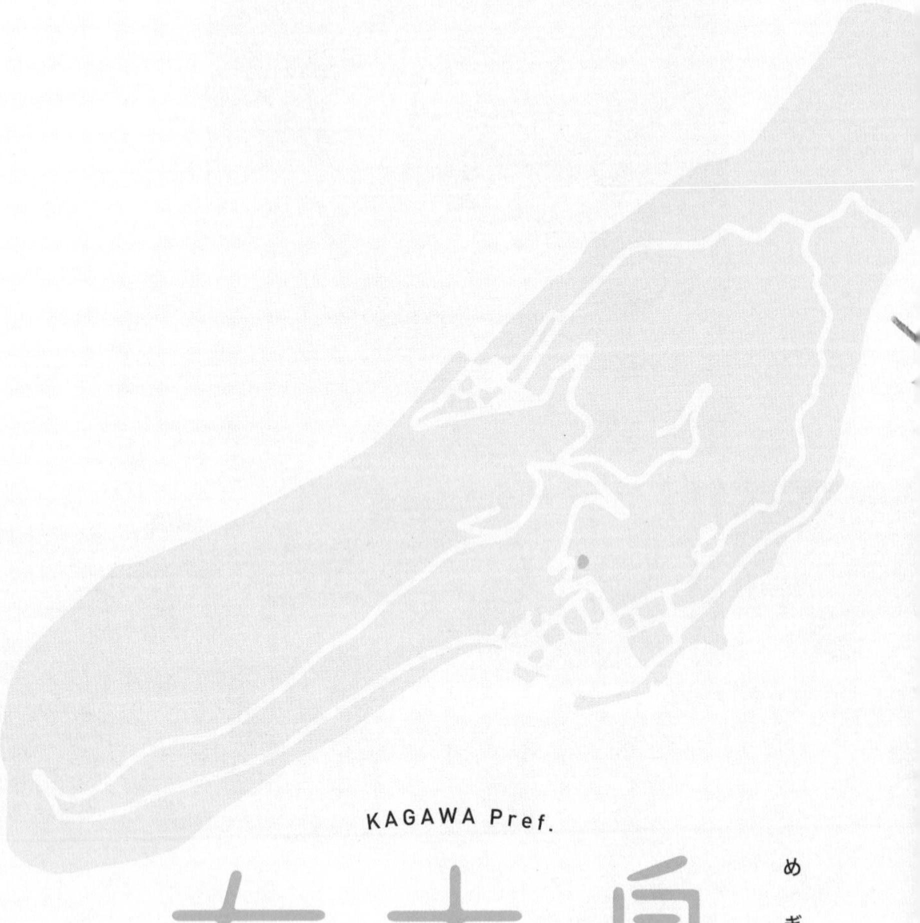

KAGAWA Pref.

女木島

めぎじま

—Megijima—

貨真價實的鬼島

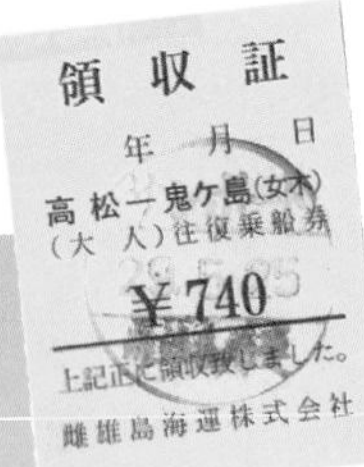

領収証
年　月　日
高松ー鬼ケ島(女木)
(大人)往復乗船券
¥740
上記正に領収致しました。
雌雄島海運株式会社

防波堤上的海鷗們
一字排開隨風擺盪、
有時還有真海鷗亂入XD
超可愛！

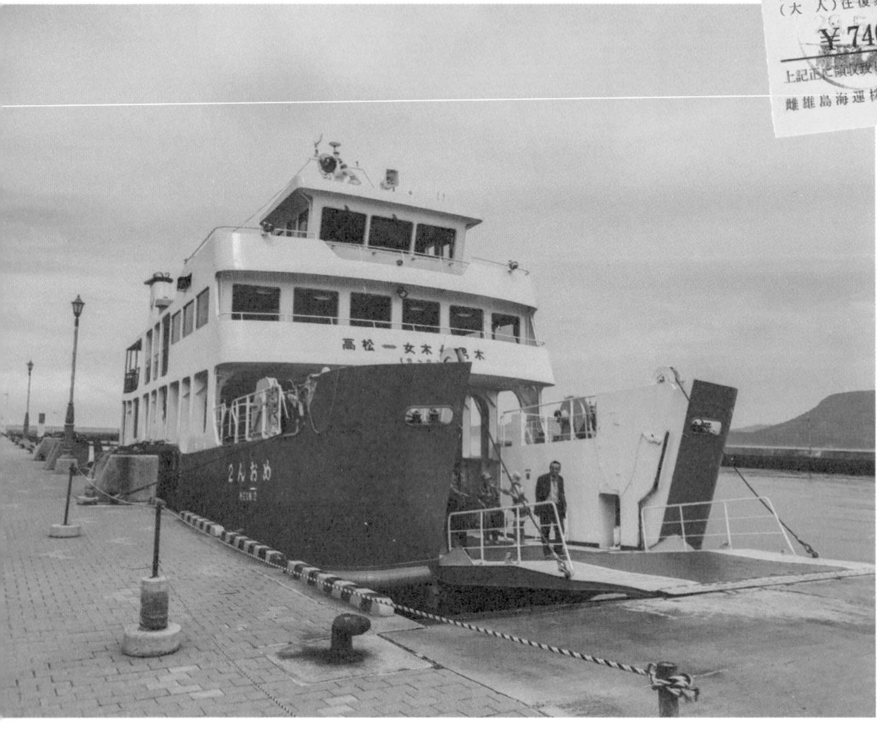

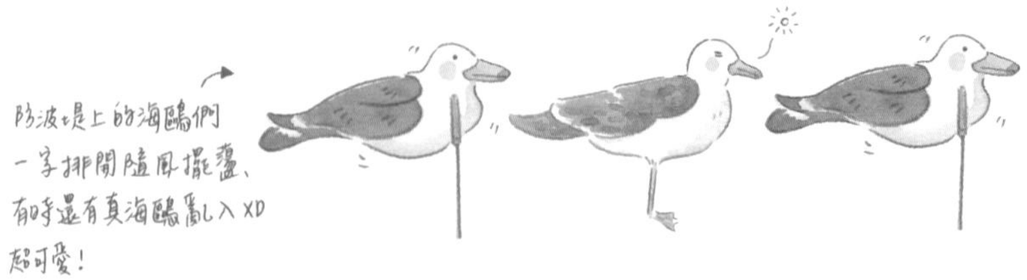

鬼
島
往女木島的船上
繪有一臉呆萌的
小鬼插畫♥

台灣近幾年總被戲稱訕笑成「鬼島」，但在日本可有一座貨真價實的「鬼島」——女木島。

和台灣不太一樣，女木島並不是因為低薪高房價或是食安問題才被稱之為鬼島的，而是因為女木島相傳為桃太郎故事中的鬼島，且在島上發現被海盜佔據的洞窟才負此名，試著聯想一下，確實對周遭被霸凌侵襲的居民來說，有海盜蹦出來四處欺凌弱小的女木島是比鬼還可怕百倍的島嶼啊。

前往鬼島
洞穴的車站就位在
候船室旁，那台公車真的是
我有史以來看過最破爛的公車，車體大
面積被鏽斑鋪得斑駁崎嶇，鏽蝕猖獗的痕跡從側身車頭，一路蔓延攀爬至窗戶接縫處才心不甘情不願地停下，起初我以為這一臉退休模樣的公車大概是裝置藝術（大竹伸朗的？）吧～結果司機對我們揮揮手蹦蹦跳上這台車發動才知道 **他・是・來・真・的。**

\ようこそおとぎの国へ/
女木島的山間小路上不時會出現
鬼怪的圖畫雕像、設計得一個
比一個可愛、有的還像是售屋廣告
上和樂融融的一家~

車內只有我們倆人和司機的破爛公車，自海邊行經民宅開入滿是樹叢的山中，車身被兩側林蔭簇擁夾擊著前行，葉子像追趕著我們似的在窗戶上拖出「沙——沙——」的腳步聲，夏日微風從闔不起來的窗戶竄進髮間，一路上隨著公車「**摳摟**—— **摳摟**——」上上下下左右搖擺，搖晃程度之誇張讓我們不禁噗疵笑出來，哎呀，要走進童話世界裡囉~

從海邊...
經過
住宅區…
穿越
綠色隧道…

來回公車交通費要價 600 日圓，本來覺得好像有點太貴了，上車後看著沿路陡峭的山坡，覺得 600 也還……是有點貴。

（但我絕對還是會選擇付錢坐車）

鬼島大洞窟

海賊們的棲身之地！

INFO
- 香川県高松市女木町 235
- +81 87-840-9055
- 08:30—17:00（不定休）
- 大人 ¥500 ｜小孩（小、中 學生）¥250 ｜ 65 歲以上 ¥450
- http://www.onigasima.jp/

到達鬼島大洞窟，酷酷的司機阿伯說給我們三十分鐘的時間，便自顧自走去一旁公車亭抽煙納涼。走近售票口，裏頭的大叔抬頭看見我們一愣，笑呵呵地急忙跑去開洞窟的燈，還熱情地跑出來自告奮勇要幫我們在洞口拍合照。

我轉身看向漆黑的洞窟閃爍著小燈，總覺得非藝術祭的女木島搞不好鬼比遊客還要多。

鬼島大洞窟一直讓我聯想到台南麻豆代天府十八層地獄，其中具象化演繹出十八層地獄個是酷刑，拔舌、蒸籠、燒山、砍頭……樣樣都有，詭異的音效和絢麗詭譎的燈光，再加上擬真復古的人偶卡彈不順暢的動作，恐怖到即使是成年人也不敢孤身進去，據説是南部小孩不聽話被帶去訓誡的好去處，逛過一圈絕對不敢為非作歹。

熱氣a鬼老大
長得很像胖虎XD
旁邊還有小鬼
助陣、滿可愛的～
日本一
相比之下
就沒那麼可愛的
桃太郎、走的是
小杉那種 端正
好青年路線。

壁畫中的桃太郎穿得光鮮
亮麗、簡直就像過年回
老家欺負只穿花皮褲堂哥
們的場景 QQ
不由得同情起惡鬼們
(果然可愛就是正義？！)

被監禁的女子
悠悠擺在角落
滿可怕的…

鬼島大洞窟有好幾個小展區，以桃太郎童話作為主軸貫穿整座洞窟，每個區域都由可愛的公仔們演出分鏡。

有趣的是惡鬼張著大大的Q版眼睛身著簡陋的獸皮布衣，一副人畜無害的無辜模樣，反倒全副武裝的桃太郎看起來就像個愛欺負人的跋扈小少爺。

全洞窟最可怕的，是位在角落的被監禁的女子，超真實的人偶被關困在牢籠裡，低下頭被長髮蓋住大半側臉，卻遮不住蒼白臉上哀戚的幽怨神情，猛然一看還以為是真人，對照身後滿目瘡痍的碎石背景，讓人忍不住同情起她的遭遇，想想此處若曾是海盜佔據的洞窟，有人被擄走監禁也不是不可能發生的事。

童話包裹著的現實往往殘酷得讓人難以接受，這些惡鬼的可愛形象都是後人潤飾的結果啊。

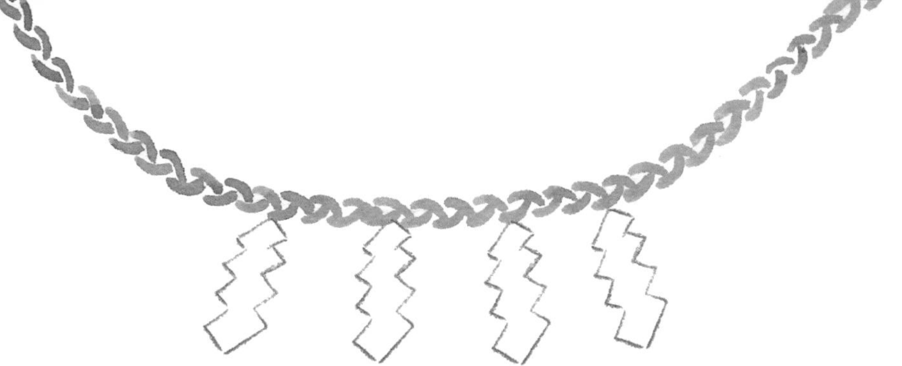

01 ／ 鬼大將的會議！不知道為什麼有人投錢……（許願池？！）

02 ／ 被燈打得有點可怕的桃太郎出現！

03 ／ 惡鬼們一起興高采烈地歡送桃太郎，是個闔家歡樂的結局～

04 ／ 出口處可以充當桃太郎拍照唷！

鬼瓦工作室／鬼瓦群像

鬼島大洞窟除了有各種鬼雕像和桃太郎大顯身手（卻不太帥）的英姿外，還擺了像是萬人塚般的鬼臉面具，在灰壓壓的洞穴內格外陰森黑暗。

鬼瓦又稱作鬼臉瓦板、獸頭瓦，用於安置在屋頂四角，以達避邪、除災的功用，藝術祭中，鬼瓦群像擺脫了既有鬼瓦型態，由香川縣中學生親自參與，灌注嶄新的創造力，使得傳統的鬼瓦也有不同的容貌。

不只洞窟內，外面草壁間也擺有這些鬼瓦，
擺到外面看起來倒是挺可愛的～

從鬼島大洞窟再往前走幾步就能遠眺瀨戶內海囉～
小小的山路點綴在山景中，像極了台灣不厭亭的風景！

禿鷹墳上／20世紀的回想

由青銅鋼琴和四桅帆船組成的大鋼琴、琴聲海浪聲交響出十足海洋風格的樂曲、橫帆隨風陣陣揚起、遠處清澈的山海綿延鼓譟、真有大航海時代的冒險和壯闊。

走錯路的摩艾石像

在港口旁擺了一尊本該出現在復活節島的摩艾石像、看上去違和又可愛、為什麼他會漂渡北太平洋、出現在遙遠的日本呢？難道他也是當年的惡鬼之一嗎？

當然不是！XD

原來當年、高松市參與復活節島石像修復的起重機廠商、將測試的模型捐贈給高松市、現在、他在女木島、可是變成了守護神般的存在喔！

我是誰？

我在哪？

後記／

工作快三年，如同所有不再新鮮的新鮮人一樣，
我也開始感覺心態碰上所謂的「瓶頸」，
於是決定離職去哪兒走走，
這趟旅行之於我，就像換一捲新底片的過場片段，
純粹想找個地點打發「什麼都不想做」的中場休息，
沒有特別目的，但足以讓我好好喘一口氣。

日本行結束回台灣後，
迎接我的，是以結構技師為目標的全職考生的日子，
每天埋首在成堆的參考書裡孤軍奮戰，
寫寫畫畫剪剪貼貼自然成為那段乏味的備考時光中
最讓人熱血沸騰的事了。

我在書寫的過程反芻各種值得記憶的小事，
再平凡的日子，記錄下來都成為獨具意義的回憶。

意外的是，原本只是我小小的興趣，
卻不小心越陷越深，
我開設了分享插畫手帳的社群帳號，
在網路上結識不少志同道合的朋友，
幸運地得到很多難能可貴的機會，
甚至還推出了自己的商品。

很感謝喜歡我作品的大家、
總是無條件全力支持我突發決定的孟政哥，
以及三月中在飄著細雨的好好市集發現我的沐風文化和編輯愛麗絲，
讓從小就很喜歡畫畫的我
以一個意外的方式圓滿了童年時代的夢想。

點點陳
Point Chen

跨出這一步，真是太好了。：）

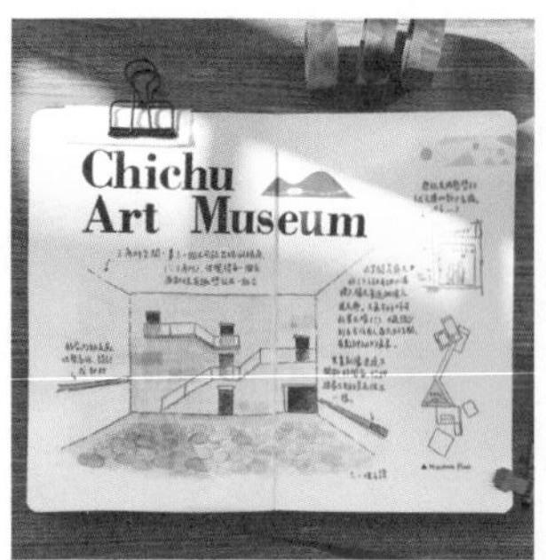
Chichu
Art Museum

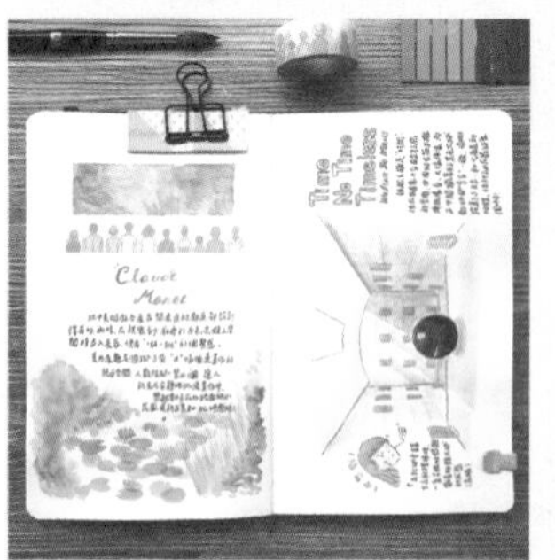
Time No Time Timeless
Claude Monet

LEMONADE SPARKLING

天使の散歩

豊島美術館

Karen

OGIJIMA
CATS
HIDE and SEEK

MORIKUNI

國家圖書館出版品預行編目資料

海島一點點：東京 x 廣島 x 瀨戶內海 都來一點點 / 點點陳著 . -- 初版 . -- 臺北市：沐風文化 , 2019.11
面； 公分 . --（輕旅行 ; 5）
ISBN 978-986-97606-0-7（平裝）

1. 旅遊 2. 日本
731.9 108016666

輕旅行 005

海島一點點

東京 × 廣島 × 瀨戶內海都來一點點

作　　者：點點陳
責任編輯：黃品瑜
封面設計：職日設計
內文排版：ivy_design

發 行 人：顧忠華
出　　版：沐風文化出版有限公司
地　　址：100 臺北市中正區泉州街 9 號 3 樓
電　　話：(02) 2301-6364
傳　　真：(02) 2301-9641
讀者信箱：mufonebook@gmail.com
沐風文化粉絲頁：https://www.facebook.com/mufonebooks

總 經 銷：紅螞蟻圖書有限公司
地　　址：114 臺北市內湖區舊宗路 2 段 121 巷 19 號
電　　話：(02) 2795-3656
傳　　真：(02) 2795-4100
服務信箱：red0511@ms51.hinet.net

排版印製：龍虎電腦排版股份有限公司
初版一刷：2019 年 11 月
定　　價：360 元
書　　號：MT005
I S B N ：978-986-97606-0-7

雷門
直島錢湯
I ♥ 湯
武蔵野市
消火栓